AF554020

आधुनिक अवधी कविता

प्रतिनिधि चयन : 1850 से अब तक

आधुनिक अवधी कविता

प्रतिनिधि चयन : 1850 से अब तक

सम्पादक

अमरेन्द्र नाथ त्रिपाठी

राजकमल प्रकाशन

ISBN : 978-93-89598-12-4

मूल्य : ₹ 695

पहला संस्करण : 2020

प्रकाशक : राजकमल प्रकाशन प्रा.लि.
1-बी, नेताजी सुभाष मार्ग, दरियागंज
नई दिल्ली-110 002
शाखाएँ : अशोक राजपथ, साइंस कॉलेज के सामने, पटना-800 006
पहली मंजिल, दरबारी बिल्डिंग, महात्मा गांधी मार्ग, इलाहाबाद-211 001
36 ए, शेक्सपियर सरणी, कोलकाता-700 017
वेबसाइट : www.rajkamalprakashan.com
ई-मेल : info@rajkamalprakashan.com

मुद्रक : बी.के. ऑफसेट
नवीन शाहदरा, दिल्ली-110 032

ADHUNIK AWADHI KAVITA : Pratinidhi Chayan : 1850 Se Ab Tak
(Anthology) Edited by Amrendra Nath Tripathi

प्राक्कथन

अवधी भाषा की महायात्रा का आधुनिक काल

"अवध प्रान्त में पचासी प्रतिशत देहाती किसान हैं, और उनकी बोलचाल की भाषा यही अवधी ग्रामीण है। संसार में जो कुछ हो रहा है, उसका सन्देश उनको उन्हीं की भाषा में सुचारु रूप से पहुँचाया जा सकता है, अतएव यहाँ पर मेरा कर्तव्य हो जाता है कि यदि मैं कुछ लिख सकूँ, तो देहाती ही भाषा में लिखूँ।"

—बलभद्र प्रसाद दीक्षित 'पढ़ीस'

(1933 ई. में प्रकाशित अवधी कविता-संग्रह 'चकल्लस' की भूमिका 'दो मिनट' में)

"पहले मैं भी अवधी, राजस्थानी, कूर्मांचली आदि भाषाओं को 'हिन्दी की बोलियाँ' मानता था। 'हिन्दी शब्दानुशासन' में भी यथाप्रसंग ऐसा ही लिखा है। परन्तु 'भारतीय भाषाविज्ञान' लिखते समय जब भाषा की परिभाषा की, तो मत बदल गया और निश्चय हुआ कि अवधी, पांचाली, राजस्थानी आदि स्वतंत्र भाषाएँ हैं। इन सबके अपने-अपने स्वतंत्र नियम और विधि-विधान हैं। इन्हें स्वतंत्र भाषा न मानकर 'हिन्दी की बोलियाँ' ही कहें, तो फिर बांग्ला, मराठी, गुजराती आदि को भी 'हिन्दी की बोलियाँ' कहना होगा!"

—सुप्रसिद्ध व्याकरणाचार्य किशोरीदास बाजपेयी

(अपने बहुचर्चित व्याकरण ग्रन्थ 'हिन्दी शब्दानुशासन' के दूसरे संस्करण के 'लेखक का निवेदन' में)

[1]

जिस भाषा के ग्रन्थ (पद्मावत, रामचरितमानस आदि) भारतीय साहित्य की पहचान बनाते हैं और मध्यकालीन उत्तरभारतीय साहित्य की चर्चा जिनके बिना अधूरी है, उस भाषा के आधुनिक काल में क्या कुछ लिखा गया है कि नहीं, यह प्रश्न कितने साहित्य प्रेमियों के दिमाग में उठता है और यदि उठता है तो जवाब में क्या तस्वीर उनके जेहन में बनती है? क्या वह भाषा आधुनिक काल में नहीं है? या उस भाषा में आधुनिक काल में लेखनी ने लिखना बन्द कर दिया है? या जो लिखा गया है वह उल्लेखनीय नहीं है? यह तय कैसे होगा कि यह उल्लेखनीय नहीं है? यह कौन तय करेगा? तय करने के प्रतिमान या निकष क्या होंगे?

अवधी भाषा की कविता-यात्रा हजार वर्षों से कहीं अधिक लम्बी रही है जिसे अब तक गतिमान भाषा की महायात्रा के रूप में देखा जाना चाहिए। सभी आधुनिक आर्यभाषाओं की तरह अवधी की शुरुआत भी दसवीं शताब्दी से मानी जाती है। भाषा के लिखित रूप के साक्ष्य पर। लेकिन इस भाषा का उद्‌भव दसवीं सदी के कितने सैकड़े पहले हुआ, ठीक-ठीक कह पाना कठिन है। हमारे पास प्राचीनता निर्धारित करने के लिए वही होता है जिसे लिखा-पढ़ी में किसी तरह सहेजा गया होता है। भाषा का मौखिक रूप, भाषा का सबसे सजीव रूप, उसी तरह हमारे सामने नहीं होता।

अवधी आदि भाषाएँ हिन्दी या उर्दू की तरह नहीं हैं। ये लोकभाषाएँ हैं। इन भाषाओं में हिन्दी या उर्दू से अलग लोकसाहित्य का भंडार है। अवधी में लोकसाहित्य कब से लिखा जा रहा है, कोई नहीं बता सकता। जैसे यह ठीक-ठीक निर्धारित नहीं किया जा सकता कि दसवीं सदी के कितने पहले यह भाषा अस्तित्व में आई होगी। परन्तु यह अनुमान हवाई नहीं है कि जो भाषा दसवीं-ग्यारहवीं सदी के आसपास अपने लिखित रूप में मौजूद दिखती है उसका मौखिक रूप भी कहीं और पहले से आकार लेता हुआ, विस्तृत, ऊर्जावान और आकर्षक रहा होगा।

उत्तर भारत की अधिकांश भाषाएँ जो वर्तमान में अस्तित्व में हैं, आधुनिक आर्यभाषायी विभाजन के अन्तर्गत आती हैं। सबकी शुरुआत दसवीं सदी के आसपास ही होती है। इन्हें इनकी निकटवर्ती अपभ्रंश भाषाओं से निकली हुई माना जाता है। जैसे मराठी भाषा को महाराष्ट्री अपभ्रंश से और शौरसेनी अपभ्रंश से निकली हुई भाषाएँ बताया जाता है। जैसे आज 'बोली' मान ली गई ब्रज भाषा को शौरसेनी अपभ्रंश से और बिहारी भाषाओं को मागधी अपभ्रंश से निकली भाषाएँ मानते हैं। अवधी किस अपभ्रंश से निकली, इस प्रश्न का उत्तर देने में विद्वानों में मतभेद है। कोई अर्द्धमागधी अपभ्रंश की बात करता है तो कोई कोसली अपभ्रंश की। कुछ भाषाचिन्तकों की यह भी मान्यता है कि अवधी या इसकी आधार-भाषा दीर्घकाल से मध्यदेश की सम्पर्क भाषा रही है। इन बातों को सरसरे तौर पर कहने का उद्‌देश्य यही है कि एक भाषा की महायात्रा के अनिवार्य और आरम्भिक पड़ाव का भी ध्यान रखा जाना चाहिए। जिस पर दुर्भाग्यवश अपेक्षित चर्चा नहीं हुई है। आधुनिक काल में अवधी को हिन्दी (जो खुद खड़ी बोली है) की बोली कहकर भाषायी नागरिकता का दूसरा दर्जा यदि न दिया जाता, क्या तब भी इस पर इतनी ही अपर्याप्त चर्चा और छानबीन दिखती! शायद नहीं।

[2]

भाषा का विकास नदी के प्रवाह सा होता है। इस विकास को बाँट-बाँटकर देखना बहुत उचित नहीं। लेकिन अध्ययन की सुविधा के लिए ऐसा करना पड़ता है। इतिहास

बाँटकर देखने से इतिहासबोध के बँट जाने का संकट उपस्थित हो जाता है। विभाजन के कारण अविच्छिन्नता की अनदेखी होती है। इसलिए जरूरी है कि अध्ययन की सुविधा के लिए काल-विभाजन करते हुए भी इस संकट के प्रति सावधान भी रहा जाए। अध्ययन की जरूरत को ध्यान में रखते हुए अवधी के ऐतिहासिक विकास को तीन हिस्सों में देख सकते हैं :

(1) आरम्भिक काल—1000 ई. से 1500 ई. तक

(2) मध्यकाल—1500 ई. से 1850 ई. तक

(3) आधुनिक काल—1850 ई. से अब तक

किसी भी तय बिन्दु को यह समझना कि उससे पहले वैसा साहित्य नहीं लिखा गया, एक हानिकर बात साबित होगी। जैसे यहाँ मध्यकाल की समय सीमा 1500 ई. से 1850 ई. के मध्य बताई गई है, जिसमें मुख्यत: सूफी और रामभक्ति साहित्य है, जबकि पहला अवधी सूफी काव्य 'चन्दायन' (मुल्ला दाऊद) तो शताधिक वर्ष पहले ही लिखा गया है। इस तरह की विभाजन-प्रसूत अड़चनें हर विभाजन के साथ आती हैं। अत: विभाजन की सीमा को ध्यान में रखते हुए ही साहित्येतिहास को देखना और पढ़ना चाहिए।

कविताओं को रखने और पढ़ने की सुविधा के लिए, इस संकलन में, अवधी के आधुनिक काल को तीन उत्थानों में विभक्त किया गया है :

(1) प्रथम उत्थान—1850 ई. से 1900 ई. तक

(2) द्वितीय उत्थान—1900 ई. से 2000 ई. तक

(3) तृतीय उत्थान—2000 ई. से अब तक

पहले उत्थान में भारत के पहले स्वाधीनता संग्राम की चेतना से अवधी कविता अनुप्राणित है। सदी है उन्नीसवीं। दूसरे उत्थान में भारत की आजादी के पूर्व व पश्चात् का समय रचनाकारों और रचनाओं में उपस्थित है। सदी है बीसवीं। तृतीय उत्थान में इक्कीसवीं सदी का समय रखा गया है। दूरसंचार में क्रान्तिकारी बदलाव का समय।

[3]

अवधी के आधुनिक काल को किस तरह से देखा जाए? एक निकष यह भी चाहे-अनचाहे बना हुआ है कि आधुनिक काल को गद्य-लेखन की मौजूदगी से चीन्हा और परखा जाता है। हिन्दी साहित्येतिहास लेखक आचार्य रामचन्द्र शुक्ल आधुनिक काल को गद्यकाल कहते हैं। विभिन्न राजनीतिक कारणों से खड़ी बोली हिन्दी या उर्दू को गद्य में लाने का प्रयास आधुनिक काल में हुआ। यह काम जो पढ़ा-लिखा वर्ग कर रहा था वह बड़े शहरों में था। प्रिंटिंग की तकनीकी सुविधा के साथ। विभिन्न शहरों

की सम्पर्क भाषा के रूप में खड़ी बोली हिन्दी या उर्दू के होने का आधार उसके पास था। राजनीतिक वजह सदियों से यह थी कि राजधानी दिल्ली थी और यह वहीं की भाषा थी इसलिए इसे सम्पर्क भाषा के रूप में खुद को बढ़ाने के अवसर अधिक रहे। दूसरी वजह यह भी थी कि हिन्दी अकादमिकों ने पहले से जमी-जमाई अवधी, ब्रज जैसी भाषाओं को हिन्दी की बोली बता दिया। ये भाषाएँ बीते पिछले पायदान की चीज बता दी गईं। गद्य लेखन के लिए खड़ी बोली हिन्दी या उर्दू उपयुक्त मानी गई। इससे यह महाभ्रान्ति बनी कि इन लोकभाषाओं में गद्य नहीं है। ये पिछले जमाने की भाषाएँ हैं। तब जबकि करोड़ों किसान, मजदूर, स्त्री-पुरुष तब से लेकर अब तक इन लोकभाषाओं के गद्य में ही संवाद और जीवन-यापन कर रहे हैं। लोगों के बीच मौजूद किसी भी भाषा के बारे में ऐसा सोचना भाषा और साहित्य दोनों के बारे में अपनी सीमा का परिचय देना है। लेकिन अकादमिकों की खुराफातों ने इन सब बातों को तवज्जो लायक नहीं माना। जाहिर है इन विसंगतियों का नकारात्मक प्रभाव अवधी गद्य लेखन पर ही नहीं पद्य लेखन पर भी पड़ा।

भाषा से 'बोली' के दर्जे में पहुँचा दिए जाने के बावजूद आधुनिक काल में अवधी रचनात्मकता रुकी नहीं। कवियों ने अपने घर, गाँव और अवध की भाषा में लिखा और असरदार लिखा। कोई उन्हें देख रहा है कि नहीं, रचना कहीं से छपेगी कि नहीं, कोई कभी मूल्यांकन करेगा कि नहीं, इन सबसे बेखबर होकर अवधी साहित्यकारों ने सिर्फ लिखा। इसका सुपरिणाम यह हुआ कि अवधी के आधुनिक काम में रचनाकारों और रचनाओं की कमी नहीं है। पूरे अवध में, और अवध से बाहर भी, अवधी रचनाकारों ने विपुल साहित्य रचा। वह कितना मूल्यवान है, यह अलग मसला है, लेकिन नाना नकारात्मकताओं के मध्य अवधी रचनात्मक चेष्टा की सराहना की जानी चाहिए।

[4]

रचनात्मक समृद्धि की दृष्टि से अवधी का मध्यकाल बेहद आकर्षक है जिसका बहुविध सकारात्मक प्रभाव आधुनिक अवधी काव्य पर पड़ा है। मध्यकाल की दो रचनात्मक धाराएँ खासा उल्लेखनीय हैं, पहली सूफी काव्य धारा और दूसरी रामभक्ति काव्य धारा। एक के शिखर मलिक मुहम्मद जायसी हैं, दूसरे के गोस्वामी तुलसीदास। ये दोनों काव्यधाराएँ महाकाव्यों का सृजन करती हैं। यह सामर्थ्य मध्यकाल में अवधी को विशिष्ट बनाती है। मध्यकाल में ब्रजादि भाषाओं में मुक्तक लिखा जाता था लेकिन महाकाव्यों के लिए अवधी उपयुक्त पाई गई।

जायसी के यहाँ ठेठ अवधी देखने को मिलती है तो तुलसी के यहाँ संस्कृत और अरबी-फारसी तक के शब्दों को अवधिया दिया गया है। दोनों ने अभूतपूर्व ढंग से भाषा को समर्थ किया है। इससे उसमें व्यापकता भी आई है।

आधुनिक काल के कवियों के लिए भाषा की ऐसी अनूठी पृष्ठभूमि, जैसी दोनों महाकवियों ने बनाई, सर्वत: सहायक सिद्ध हुई। कवियों ने जैसा और जो कहना चाहा भाषा उन्हें रास्ता दिखाती नजर आई। इसी से एक धारणा यह भी बनी कि तुलसी ने अवधी भाषा को चरम पर पहुँचा दिया। उसका सर्वोत्तम विकास यही है। यह बात या धारणा तुलसी की महानता बताने के बावजूद अवधी की रचनात्मकता और उस रचनात्मकता के मूल्यांकन के लिए नकारात्मक भूमिका निभाती दिखती है।

ऐसा कहने में भाषा से 'बोली' कहे जाने के यथास्थितिवाद की स्वीकृति भी है। यह बात अनावश्यक और तर्कहीन है। क्या विद्यापति के बाद मैथिली में नागार्जुन नहीं हुए? क्या रवीन्द्र नाथ ठाकुर के बाद बांग्ला में जीवनानन्द दास, काजी नजरुल इस्लाम, सुकान्त, सुनील गंगोपाध्याय नहीं हुए? क्या कालिदास के बाद संस्कृत उत्कृष्ट कवियों से वंचित हो गई? क्या ग़ालिब के बाद उर्दू में फ़ैज़ व फ़िराक़ नहीं हुए? ठीक ऐसे ही अवधी में भी तुलसीदास के बाद पढ़ीस, वंशीधर शुक्ल और रमई काका जैसे कवि हुए। उन भाषाओं के बाद के रचनाकारों को आप मान देते हैं तो इन तीनों को, अन्य महत्त्वपूर्ण आधुनिक अवधी कवियों को भी, उसी तरह मान देना चाहिए। मैं तो कुछ अधिक ही मान देना चाहूँगा क्योंकि वे कवि भाषा की अस्मिता बनी रहने के साथ सृजनरत थे जबकि ये अवधी कवि भाषा की अस्मिता को 'बोली' बना दिए जाने के बावजूद रच रहे थे।

[5]

अगर आपको मजदूरों, किसानों और गाँवों से सम्बन्धित रचनाओं तक जाना है तो लोकभाषाओं में किए जा रहे लेखन से गुजरना होगा। शहरों में रहने वाली लेखकों की पीढ़ी अपने मध्यवर्गीय लेखन से संतुष्ट है। गाँव की तरफ न वह रुख करती है, न ही उसकी रचनात्मकता उधर जाती है। अगर कोई गाँव पर लिखता भी है तो, अपवाद छोड़ दें, वह गाँव की उड़न-छू तस्वीर पेश करता है। अवधी कवियों ने गाँवों और मजदूरों-किसानों पर खूब लिखा है। वह किसानों-मजदूरों की दुर्दशा का चित्रण भर नहीं करता बल्कि उन्हें बदलाव लाने के लिए प्रेरित भी करता है—'बिना कटे भिटवा गड़हिया न पटिहैं / अपनी खुसी से धन धरती न बँटिहैं।' (जुमई खाँ आजाद)

शहर के दोषों को अनावृत करने का काम अवधी कविता आरम्भ से करती रही है। शहरों में गाँव की सहजता का गला घोंट दिया जाता है। टका-धर्म, स्वार्थ, निजता, अलगाव, अपरिचय और बाजारवाद का जैसा स्वरूप नगरों में है, वह किसी से छुपा नहीं है। सभ्यता के विकास में शहरों को लोगों ने अनुकरणीय स्थल

माना। सहरुल्ला वृत्तियों की महामारी दूर-दूर तक फैली; आज तो वह गाँवों को भी अपनी लपेट में ले चुकी है। बेशक गाँव की अपनी समस्याएँ सदैव से रही हैं, लेकिन शहर जिसे सभ्यता का चरण माना गया वह भी कम समस्यामूलक नहीं रहा। गाँव का व्यक्ति इस शहर में निर्वाह नहीं कर सकता, ऐसा शहरों की सीमा बताते हुए वंशीधर शुक्ल स्पष्ट करते हैं :

जहाँ न प्रकृति भरै उत्साह
हुवाँ कस-कस होई निरबाह।
... ...
जहाँ न खुलि कै निकरै आह,
हुवाँ कस-कस होई निरबाह।

अवधी कवियों के व्यंग्य व्यंजक होते हैं। उनकी छाया दूर तक पहुँचती है। रमई काका की कविता 'हम गयेन याक दिन लखनउवै' इस दृष्टि से देखी जा सकती है। इसमें प्रकट रूप में आपको लगेगा कि गाँव से लखनऊ शहर में आए व्यक्ति की खिल्ली उड़ाई गई है लेकिन ज्यों ही गम्भीर होकर सोचेंगे, पता चलेगा कि यहाँ तो व्यंग्य में उत्कृष्ट सभ्यता-समीक्षा की गई है। बाजारवाद और बाजारवादी नागरिक वृत्तियों की क्या खूब बखिया उधेड़ी गई है। शहर में पहुँचकर जो धोखा हुआ है, वह किसी ग्रामीण व्यक्ति के साथ होने वाला धोखा नहीं बल्कि पूरे मानव समुदाय के साथ हुआ धोखा है। लोग धोखेबाज पूँजीवाद व बाजारवाद को नहीं देख पा रहे। यही रमई काका का व्यंग्य करुणा का रूप ले लेता है। इसे संवेदनशील पाठक जरूर समझेगा :

जब गएँ नुमाइस द्याखै हम, जहँ कक्कू भारी रहै भीर
दुई तोला चारि रुपइया कै, हम बेसहा सोने कै जंजीर
लखि भईं घरैतिन गलगल बहु, मुल चारि दिनन मा रंग बदला
उन कहा कि पीतरि लै आयौ, हम कहा बड़ा ध्वाखा होइगा

गाँवों में जातिवाद, पितृसत्तात्मकता आदि के दुर्गुण थोड़े नहीं हैं लेकिन उनके खिलाफ गाँव का कवि गाँव के रूपकों से ही सबको समझाता है। इस कोशिश में वह सहज ही बड़ी बात कह जाता है। हिन्दी के कवि जिस भाषा में अपनी बौद्धिक आलोचना पेश करते हैं वह विद्वानों की समझ में भले आ जाय लेकिन गाँव-गिराँव के मजदूरों-किसानों को वह बिना छुए गुजर जाती है। कवि हरिश्चन्द्र पांडेय 'सरल' अपने गाँव की तलिया को जाति-धर्म को बनाने वाले लोगों से ज्यादा श्रेष्ठ साबित करते हैं। एक तलिया अन्यायकारी व्यवस्था से किस तरह टकराती है, देखें :

नाँव न जानै जाति न पूछै,
गगरी एक न फेरति छूछै,
ऊँच नीच बिन चीन्हे जाने,
बस धोवै धुरियावै पाँव।
एक तलइया मोरे गाँव।
... ...
तुम्हरे मत निकिस्ट यह तलिया,
यह हमकाँ समान लखि सुखिया,
तुम तौ धरम जाति के ढोंगी,
फूट बोइ फिर साधौ दाँव।
एक तलइया मोरे गाँव।

ऐसा लगता है तलिया प्रेमचन्द के 'ठाकुर के कुएँ' से सीधे संवाद कर रही है, बड़े संयत तरीके से सतर्क ललकार रही है।

आधुनिक अवधी कविता ने एक और चुनौती स्वीकार की। उसने अवधी संस्कृति में लखनउवा कोठा-कत्थक-कबाब वाले नवाबी बोलबाले को उसकी औकात बताई। अपने खालिस देहाती लहजे में उसने बताया कि वह लखनऊ नहीं है जिससे अवधी संस्कृति बनती है बल्कि वह तो अवध के गाँव-गिराँव, झोंपड़ा-अलाव, खेत-खलिहान आदि से बनती है। यह अकारण नहीं है कि अवधी कविता में लखनऊ के ऩफासती-दिखावटी 'कल्चर' के खिलाफ विद्रोह है। वह कल्चर जिसमें आरामपसन्दी है, अकर्मण्यता है, वैविध्य-हीनता है, सजावटी जड़ता है और अवध की किसानी संस्कृति से कोई संवाद नहीं है। इतना सब होते हुए खुद को शामे अवध या अवधी तहजीब का प्रतिनिधि कहना! यह किसी अंचल की जाग्रत ग्राम्य मेधा को गवारा कैसे होगा। इसकी स्वाभाविक प्रतिक्रिया भी हुई। इसकी प्रतिक्रिया देखने के लिए रमई काका की यह कविता देखी जाए :

ई आहीं पक्के लखनउवा
कहैं चीज के दूने दाम।
बात-बात मा करैं सलाम॥
चीकट तकिया चटक लिहाफ।
घर मा गन्दे बाहर साफ॥
बड़ा तकल्लुफ कइकै खायँ।
याक कौर का सत्तर दायँ॥
नाजुक देहीं सिर पर पल्ला।
आँखिन सुरमा अँगुरिन छल्ला॥

ख्यालैं नित बैठकुवा खेल।
आप आप मा छूटै रेल॥
तितर लड़ावैं कबौ बटेर।
कबौं कबुतरन के हैं फेर॥
तिथि त्यौहार उड़ै कनकउवा।
जानि लिहेव पक्का लखनउवा॥

आधुनिक अवधी कविता का जो कवि-मानव बनता है वह अपने संस्कारों से ग्रामीण है, वह तर्क की कसौटी पर खुद को कसने वाला है, आंचलिक मेधा से सम्पन्न है, वह शहर की और विभिन्न संस्कृतियों की हवा में अपने पाँव से उखड़ जाना नहीं चाहता, उसमें संघर्ष की आँच है, स्वाधीनता की चेतना है, वह समता का पक्षधर है, अप-संस्कृति को लेकर हमलावर है और इसका लक्षण सही मायने में पहले आधुनिक अवधी कवि बलभद्र प्रसाद दीक्षित 'पढ़ीस' अपनी कविता 'मनई' में बहुत पहले ही बता चुके होते हैं :

दुसरे के दुख ते दुखी होयि
अपनौ सुख सबका बाँटि देयि
जो जानयि सुख-दुख के किरला
बसि, वहयि आयि सुन्दर मनई!

[6]

राजनीतिक चेतना की अभिव्यक्ति अवधी की अपनी खासियत है। इसकी अभिव्यक्ति मध्यकाल में तुलसीदास के यहाँ सशक्त रूप से हुई है। वे कहते हैं कि जिस राज्य में राजा प्रजा का ध्यान न रख सके, वह नरक का अधिकारी है :

जासु राज प्रिय प्रजा दुखारी।
सो नृप अवसि नरक अधिकारी॥

आधुनिक अवधी कवि रफीक शादानी से मतदाताओं की मजबूरी व बेबसी देखी नहीं जाती। वे कहते हैं :

नेता जौन दुखी ओटरन के काम न आवै
दुइ चार रोज मा ऊ गुजरि जाए तौ अच्छा।

स्वाधीनता आन्दोलन के दौरान भी—पढ़ीस, वंशीधर शुक्ल व रमई काका ने जो अवधी कविताई की है, वह अपनी व्यंजना में दूर तक जाती है। पढ़ीस व वंशीधर

शुक्ल से थोड़ा अलग रमई काका को लोग हास्य-व्यंग्य का कवि मानकर उनकी कविताओं के साथ न्याय नहीं करते। कहना न होगा कि काका लोककरुणा के कवि भी हैं। अंग्रेज राज में वे परबसता को व्याख्यायित करते हैं :

सब बुद्धि बिबेक नसावै
परबसता धीरे-धीरे!

गुलाम वही सीखता और करता है जो उसे टूका देने वाला मालिक चाहता है। वह अपनी भाषा व भाव सब भूल जाता है—'सीखेसि दाता कै बोली / गा भूलि अपन सब भासा।' लेकिन मायूस होने के लिए वे ऐसा नहीं कहते। हरदम अँधेरी रात थोड़े ही रहेगी। सुबह होगी ही होगी—'धीर धरु भिनसार होई!'

सत्ता का चरित्र हमारे सामने किस-किस तरह अपने को पेश कर रहा है अवधी कवि जैसे कविता में इस बात का इतिहास लिखता जा रहा हो। वह किसी भी घटना पर साहित्यिक प्रतिक्रिया किए बिना नहीं रह पाता। हमारे सामाजिक व राजनीतिक जीवन में जो घट रहा है उसको लेकर अवधी कवि आँख-मूँदूँ या उदासीन मुद्रा में नहीं रहता। इसका प्रमाण इसी से लगाया जा सकता है कि 2016 ई. में हुई नोटबन्दी जैसी घटना पर इक्कीस अवधी कवियों की कविताओं का संकलन (समकालीन अवधी कविता में प्रतिरोध, सन्दर्भ—नोटबन्दी) भी आ चुका है। हिन्दी आदि भाषाओं में जनजीवन को तबाहो-बर्बाद कर देने वाले, बहुतों की जान ले लेने वाले, इस सरकारी फैसले की कितनी साहित्यिक प्रतिक्रियात्मक गवाहियाँ हैं? बता पाना शायद मुश्किल होगा। अवधी ऐसी कविताओं की मौजूदगी सुखद अनूठेपन की तरह है।

[7]

किसी भाषा की रचनात्मक समृद्धि के लिए जरूरी है कि उसमें समाज के भिन्न-भिन्न वर्ग अपनी रचनाओं के साथ उपस्थित हों। इससे रचनात्मक वैविध्य आता है। साथ ही, अलग-अलग वर्गों की वास्तविकताओं और अपेक्षाओं की अभिव्यक्ति होती है जिससे पारस्परिक साहित्यिक संवाद कायम होता है एवं भाषा का परिसर और जनतांत्रिक बनता है।

अवधी का रचनात्मक वैविध्य दर्शनीय है जिसमें शिक्षित व अशिक्षित शामिल हैं, हर जाति-धर्म के लोग हैं, स्त्री व पुरुष दोनों हैं। लेकिन सभी की रचनाओं तक पहुँच पाना आसान नहीं हो पाता। जहाँ कुछ रचनाएँ छपती हैं वहाँ इस वैविध्य को पेश करने की दृष्टि रखी जाए, जरूरी नहीं। अक्सर जिस समाज, वर्ग, समुदाय या संस्थान द्वारा रचनाओं को पेश किया जाता है उनकी रुचि की रचनाएँ अधिक दिखती हैं। हर तबके की आवाजें आएँ, यह उनकी प्राथमिकता में नहीं होता। ऐसी दशा

में रचनात्मकता के अधिकाधिक स्वर दिखाई दें, आवश्यक नहीं। पूर्व में प्रकाशित अवधी कविताओं के संग्रहों व संकलनों से गुजरते हुए मैंने पाया कि स्त्री व दलित वर्ग की रचनाएँ बहुत कम प्रस्तुत हो पाई हैं।

क्या इन वर्गों की ओर से रचनाएँ नहीं हुई होंगी? ऐसा सम्भव नहीं है। क्योंकि अवधी में तो अशिक्षित और हर तरह से वंचित भी रचनाएँ करता है। हाँ, विभिन्न कारणों से उन्हें सँजोया नहीं गया, यह जरूर है। इसे दूर करने के लिए गाँवों-देहातों में जाकर रचनाओं को सहेजना होगा। इसी प्रक्रिया में प्रभूत गद्य भी पाया जा सकेगा और 'अमुक भाषा में गद्य नहीं या गद्य के अनुकूल नहीं' जैसी अटकलों को भी विराम लगेगा। व्यक्तिगत स्तर पर मैंने यह कोशिश की कि रचनात्मक वैविध्य ला सकूँ लेकिन ऐसे स्रोत नहीं मिले जहाँ अपनी इस कोशिश को ठीक से पूरा कर पाता।

विस्तार में जाने से बचते हुए भी, वैविध्यपूर्णता की बात पर, दो कवियों का जिक्र करना चाहूँगा। एक हैं माता प्रसाद 'मितई' और दूसरे हैं रफीक शादानी। इन दोनों कवियों का जिक्र प्रकाशित अवधी स्रोतों में नगण्य है। जबकि माता प्रसाद 'मितई' छह-सात दशकों से दलित चेतना के गीत 'पूर्वी अवधी' के रूप में प्रस्तुत करते रहे हैं। इसी तरह रफीक शादानी अवधी के प्रकाशित कार्यों में हाशिये के भी हाशिये पर रहे। लोकप्रिय मंचीय कवि से दूरी बनाने का संस्कार अवधी वालों में हिन्दी वालों की प्रेरणा से पहुँचा हुआ लगता है। जबकि पिछले कई दशकों से अवधी भाषा को दूर-दूर तक पहुँचाने वाला रफीक शादानी सा कोई दूसरा कवि नहीं हुआ। इस अवदान को रेखांकित करना चाहिए। इसीलिए इन दोनों कवियों को इस संकलन में द्वितीय उत्थान के मूल पाठ में शामिल किया गया है। भाषायी जमीन पर वैविध्य लाने वाले और भी कवि आगे के संस्करणों में आएँ, ऐसी मेरी कोशिश रहेगी।

[8]

किसी भाषा की समृद्धि में अनूदित साहित्य का अपना महत्त्व होता है। उससे भाषा में वैचारिक व साहित्यिक सम्पन्नता आती है। दूसरी भाषाओं के ज्ञान के स्रोत हमारी अपनी भाषा में आ पाते हैं। इससे जहाँ दो भाषाओं के बीच एक सेतु बनता है वहीं स्रोत भाषा की सामग्री का लक्ष्य भाषा में आगमन भाषायी एकरसता को भी तोड़ता है और भाषा में नए प्रयोगों को आमंत्रित भी करता है। यही कारण है कि दुनिया की सभी सम्पन्न भाषाओं में अनूदित साहित्य भी अच्छी-खासी मात्रा में होता है। यह खुशी की बात है कि अवधी में अनुवाद की दिशा में सराहनीय प्रयास पिछले कई सौ सालों में होते रहे हैं।

वह पुस्तक कौन सी होगी जिसे अवधी की पहली अनूदित कृति कहें? यह खासा चुनौतीपूर्ण और रोचक सवाल है। महाकवि गोस्वामी तुलसीदास के ग्रन्थ रामचरितमानस में ढेरों कविताएँ अनूदित सामग्री की तरह दिखाई देती हैं। स्वयं उनका मानना है, नानापुराणनिगमागम सम्मतं यत्...। कई संस्कृत के श्लोक मानस की कविताओं को पढ़ते हुए स्मृति में कौंधने लगते हैं। यथा, वाल्मीकि की महानता को बताने के लिए यह श्लोक बहुत चर्चित है जिसके लेखक के बारे में विवाद है, कोई शेखर कवि का कहता है कोई त्रिविक्रम भट्ट का, तो कोई किसी और का :

सदूषणापि निर्दोषा सखरापि सुकोमला।
नमस्तस्मै कृता येन रम्या रामायणी कथा॥

यह श्लोक तुलसीदास की इन पंक्तियों को पढ़ते समय बरबस याद आएगा जैसे अनूदित कविता पढ़ते समय मूल कविता याद आती है :

बंदउँ मुनि पद कंजु रामायन जेहिं निरमयउ।
सखर सुकोमल मंजु दोष रहित दूषन सहित॥

निस्सन्देह तुलसीदास की मौलिकता रामचरितमानस की विशिष्टता और आकर्षण है लेकिन उसमें एक श्रेष्ठ अनुवाद का अंश भी शामिल है इससे इनकार नहीं किया जा सकता। यह भी अवधी भाषा के लिए गर्व की बात है।

भारतीय प्रकाशन के इतिहास में चर्चित 'मुंशी नवलकिशोर प्रेस' से 1862 ई. में प्रकाशित 'रामविलास रामायण' अनूदित अवधी साहित्य में उल्लेखनीय है। इसमें वाल्मीकि रामायण का अनुवाद है। अनुवादक हैं—ईश्वरी प्रसाद त्रिपाठी। यह अनुवाद अपनी कलात्मकता के लिए देखा जा सकता है। इस दृष्टि से इसकी एक चौपाई में मात्राहीन छंद की कलाकारी पेश है :

जलज नयन कर चरण हरण अघ, सरल सकल चर अचर खचर तर।
चहत छनक जय लहत कहत यह, हर हर हर हर हर हर हर हर।

अनेक संस्कृत के और बांग्ला के ग्रन्थ भी अवधी में अनूदित हुए। गीता के कई अनुवाद हुए। कालिदास की रचनाओं के अनुवाद भी देखे जा सकते हैं। बांग्ला का 'कृतिवास रामायण' भी अवधी में अनूदित हुआ। अनुवादक हैं—नन्दकुमार अवस्थी। अनुवाद का यह काम अभी तक जारी है। पहले के अनुवादों में अंगरेजी से अवधी भाषा में अनुवाद नहीं के बराबर मिलेंगे। इधर के वर्षों में जो अनुवाद हो रहे हैं उनमें अँगरेजी व अन्य भाषाओं के कवियों की मौजूदगी

सराहनीय है। अवधी काव्यानुवाद पर अलग से दृष्टि जाए, इस विचार से इस संकलन के आखिरी में काव्यानुवाद को प्रस्तुत किया गया है जिसमें एक तरफ आप काव्यानुवाद की अवधी परम्परा की झलक देख सकेंगे और दूसरी तरफ उसके आधुनिक विकास को भी।

[9]

इस संकलन में, तीनों उत्थानों में, दो तरह के पाठ रखे गए हैं। मूल पाठ और द्रुत पाठ। मूल पाठ में कवियों की अधिक या लम्बी रचनाएँ स्थान पाती हैं। द्वितीय उत्थान का मूल पाठ इस किताब का सबसे बड़ा भाग है जिसमें 22 कवि हैं। सभी अपने विशिष्ट स्वर वाले हैं और अवधी कविता के परिदृश्य को विस्तृत करते हैं। द्रुत पाठ में कवियों की एक-एक रचनाएँ ही शामिल हैं। कहीं कोई अपवाद हो तो उसे छोड़कर। मूल पाठ में कवियों का क्रम उनके जन्मवर्ष को ध्यान में रखकर बनाया गया है। द्रुत पाठ में ढेरों कवियों में सभी का जन्मवर्ष नहीं मिल सका इसलिए यहाँ ऐसे किसी क्रम को बना पाना सम्भव नहीं हो पाया है। एक छूट ले ली गई है।

कवियों के परिमाण में अधिक लेखन के बरअक्स गुणवत्ता में अधिकता को तरजीह दी गई है। अवधी में ऐसे भी कई कवि हैं जो कई संग्रह छपा चुके हैं लेकिन उनकी चेतना सौ-दो सौ साल पीछे ही रेंग रही है। ऐसे कवियों से बचा गया है। यह दावा करना मूर्खतापूर्ण है कि हमने सारे महत्त्वपूर्ण कवियों को चुन लिया है। बल्कि छूटे महत्त्वपूर्ण कवियों व कविताओं को अगले संस्करणों में लाने की योजना जरूर होगी। छूटे किन्तु महत्त्वपूर्ण कवि या कविता की ओर पाठक ध्यान दिलाकर यह काम आसान करेंगे, ऐसी कामना की जाती है।

तृतीय उत्थान में सोशल मीडिया की अवधी रचनात्मकता को पेश करने का अधिकाधिक प्रयास किया गया है। सोशल मीडिया आने के बाद जैसे उपेक्षित भाषाओं को अपने को रखने के रास्ते मिल गए। किसने सोचा होगा कि जिन भाषाओं को बोली कहकर पिछले शताधिक वर्षों से मिटनशील या मिटी मान लिया गया था उनमें आज देश-विदेश में अभिव्यक्ति का आदान-प्रदान हो रहा है! उनमें नई पीढ़ी के रचनाकार सामने आ रहे हैं और भाषा के भविष्य को उज्ज्वलता देने में अपने स्तर पर लगे हैं। नई तकनीक भाषा और साहित्य के विकास को प्रभावित करती है जिससे भाषा को लेकर पाले गए तमाम दुराग्रह भी ध्वस्त हो जाते हैं, इसे सोशल मीडिया के दौर में बखूबी देखा जा सकता है।

आधुनिक अवधी कविता का यह संकलन पाठकों के हाथों में सौंपते हुए मुझे हर्ष हो रहा है। जो त्रुटियाँ होंगी, आगे ठीक कर ली जाएँगी। इसमें पाठकों का स्नेह

सहायक होगा। जिन रचनाकारों की रचनाएँ शामिल हैं, उन सभी का मैं शुक्रगुजार हूँ। सब कुछ तो उन्हीं का है, मैं तो उन्हें सँजोने का निमित्त भर हूँ। राजकमल प्रकाशन ने इसे प्रकाशित करने में दिलचस्पी दिखाई, यह सराहनीय है। भाई सत्यानन्द निरुपम के लोकभाषायी और अवधी प्रेम की तहेदिल से तारीफ करता हूँ जिन्होंने इस संकलन को बनाने की ओर मुझे प्रेरित किया।

इस पुस्तक की कविताओं को विभिन्न स्थानों से इकट्ठा किया गया है। कुछ कविताएँ लोगों से व्यक्तिगत सम्पर्क करके मँगाई गईं। कुछ रचनाकारों के संग्रहों से चुनी गईं। कुछ कविताएँ 'अवधी कै अरघान' ई-पत्रिका से ली गईं। कुछ कविताएँ अवधी साहित्य का इतिहास (डॉ. मधुप), अवधी भाषा और साहित्य का इतिहास (राजेन्द्र श्रीवास्तव), अवधी ग्रंथावली (जगदीश पीयूष) और बिरवा पत्रिका के अंकों से ली गई हैं। अस्तु सम्पादक इन व्यक्तिगत और पुस्तकीय स्रोतों का आभारी है।

—अमरेन्द्र नाथ त्रिपाठी

नई दिल्ली

क्रम

प्रथम उत्थान
1850 से 1900 तक
मूल पाठ

1857 के लोकगीत 25
भारतेन्दु हरिश्चन्द्र 31
प्रताप नारायण मिश्र 34

प्रथम उत्थान
1850 से 1900 तक
द्रुत पाठ

हनुमान शरण 'मधुर अली' 39
पहलवान दास 39
बाबा लक्ष्मणदास़ बैरागी 40
बदरीनारायण चौधरी 'प्रेमघन' 40

द्वितीय उत्थान
1900 से 2000 तक
मूल पाठ

अमीर अली शाह साहब वारसी अफी अनहू 43
बलभद्र प्रसाद दीक्षित 'पढ़ीस' 45
द्वारकाप्रसाद मिश्र 53
वंशीधर शुक्ल 56
द्वारिका प्रसाद यादव 'यदुचन्द' 64
लक्ष्मण प्रसाद मित्र 70
गुरुप्रसाद सिंह 'मृगेश' 74

केदारनाथ अग्रवाल 80
चन्द्रभूषण त्रिवेदी 'रमई काका' 85
त्रिलोचन शास्त्री 93
माता प्रसाद 'मितई' 100
विश्वनाथ सिंह 'विकल गोंडवी' 106
श्यामसुंदर मिश्र 'मधुप' 111
आदित्य वर्मा 115
बेकल उत्साही 119
जुमई खाँ 'आजाद' 124
विश्वनाथ पाठक 131
हरिश्चन्द्र पांडेय 'सरल' 138
पारसनाथ मिश्र 'भ्रमर' 143
रफीक शादानी 148
आद्या प्रसाद 'उन्मत्त' 154
विद्या विन्दु सिंह 159

द्वितीय उत्थान

1900 से 2000 तक

द्रुत पाठ

श्रीधर पाठक 167
महावीर प्रसाद द्विवेदी 167
अयोध्या सिंह उपाध्याय 'हरिऔध' 168
जगदम्बा प्रसाद 'हितैषी' 168
रामनरेश त्रिपाठी 169
सूर्यकान्त त्रिपाठी 'निराला' 169
सर्वेश्वर दयाल सक्सेना 170
ख्वाजा अहमद 170
भगवान बख्श सिंह सत्यनामी 171
मनोहर लाल मिश्र 171
ब्रजभूषण त्रिपाठी 'ब्रजेश' 171
अवध बिहारी त्रिपाठी 'अवधेश' 172
अलाउद्दीन साबिर 172
श्याम तिवारी 173

युक्तिभद्र दीक्षित 'पुतान' 173
चतुर्भुज शर्मा 174
लक्ष्मीशंकर मिश्र 'निशंक' 175
राजबली यादव 176
लवकुश दीक्षित 177
विजय कुमार पांडेय 178
रूप नारायण त्रिपाठी 179
ओंकार नाथ उपाध्याय 180
श्रीपाल सिंह 'क्षेम' 181
दूधनाथ शर्मा 'श्रीश' 182
हरिभक्त सिंह 'पँवार' 183
सत्यधर शुक्ल 183
गीता श्रीवास्तव 184
घूरूप्रसाद 'किसान' 185
रामलखन यादव 'अनपढ़' 186
काका बैसवारी 187
सुशील सिद्धार्थ 188
भारतेन्दु मिश्र 189
जाहिल सुलतानपुरी 190
जगदीश पीयूष 190
अनीस देहाती 191
रामनरेश यादव 191
फारूख सरल 193
उमेश चौहान 194
निर्मल दर्शन 195
ब्रह्मदेव यादव 'मधुकर' 196

तृतीय उत्थान
2000 ई. से अब तक
मूल पाठ

रमाशंकर यादव 'विद्रोही' 199
प्रदीप कुमार शुक्ल 205
बजरंग बिहारी 'बजरू' 208

तृतीय उत्थान
2000 ई. से अब तक
द्रुत पाठ

परवाना प्रतापगढ़ी 213
भारतेन्दु मिश्र 213
सुमन सिंह 214
आशाराम जागरथ 216
प्रकाश चन्द्र गिरि 217
शैलेन्द्र कुमार शुक्ल 218
अशोक यादव 'अग्यानी' 218
अमित आनन्द 219
राजमूर्ति सौरभ 220
बृजेश यादव 220
अनुज नागेन्द्र 221
अंकिता यादव 222
अरुण कुमार तिवारी 223
नम्रता मिश्रा 223
अमरेन्द्र नाथ त्रिपाठी 224

काव्यानुवाद

काव्यानुवाद 225
कृतिवास रामायण 227
कालिदास कृत रघुवंश 227
गीता का अनुवाद-1 228
गीता का अनुवाद-2 228
गीता का अनुवाद-3 229
गीता का अनुवाद-4 229
'बज्जालग्ग' से 229
हमरी अंगुरिन मा जवाहिरात रहै (एमिली डिकिन्सन) 229
हम का पढ़उबै (निजार कब्बानी) 230
पांच बंदरवा नान्ह केर सब कूदैं बिस्तर पर (मदर गूज) 231
जरूरी ई अहै (बर्तोल्त ब्रेख्त) 231
जरनल साहेब (बर्तोल्त ब्रेख्त) 232

प्रथम उत्थान

1850 से 1900 तक

मूल पाठ

1857 के लोकगीत

भारत के पहले स्वाधीनता संग्राम का केन्द्र अवध माना जाता है। इस संग्राम में जनता ने भी बढ़-चढ़कर हिस्सा लिया था। अवध की जनता ने अपनी अवधी भाषा में, मौखिक परम्परा में, संग्राम की स्मृतियों एवं नायकों को सहेजा। अवधी में ऐसे ढेरों लोकगीत हैं जो आजादी की पहली लड़ाई पर केन्द्रित है। इसका अन्दाजा यहाँ पेश किए गए लोकगीतों से लगाया जा सकता है।

अंग्रेजों का अत्याचार

फूँकि दिहिस छनिया अउ छप्पर
रछसवा फिरंगी आइ कय।
फूँकि दिहिस महल अटरिया
रछसवा फिरंगी आइ कय।
ना देखै बूढ़, ना देखै बच्चा
पाटि दिहिस फसिया से पेड़वा
रछसवा फिरंगी आइ कय।
यक वारी खाई, यक वारी कुआँ
सिपाही चले सिर कफन बन्हाय कय
रछसवा फिरंगी आइ कय।
सीना तानि चले रजपूतै
बहू-बिटियन कै इज्जत बचाइ कय
रछसवा फिरंगी आइ कय।

वीरों की प्रशंसा

अच्छी रैनि जीति आया सँवरिया
धन्नि उहै मैया धन्नि रे बहिनिया,
धन्नि उहै कोखि जहाँ जनमे सँवरिया।
धन्नि उहै सेजिया धन्नि रे सुपेतिया,

धन्नि उहै नारि जहाँ सोया सँवरिया।
धन्नि उहै भुइँ जहाँ जनमे बनी माधव,
धन्नि उहै देस जहाँ जनमे सिपहिया।
धन्नि उहै कोखि जहाँ जनमे सँवरिया,
धन्नि उहै भुइँ जहाँ जनमे बाँकुरे।
फिरंगिन कै छक्का छोराये सिपहिया
धन्नि उहै कोखि जहाँ जनमे सँवरिया।

वीरता ऐसी भी

मुरदा उठि-उठि दौरै लागे
जब रजपूती तलवारि सुनिन।
बरस अठारा छतरी जियैं
आगे जियब धिक्कार सुनिन।
जौनी ओरिया चले बहादुर
खन-खन-खन तलवारि सुनिन।
माई के कनिया मा खेलत
लरिकै तेगा-तलवारि सुनिन।

मंगल पांड़े

मंगल पांड़े अमर सपूत कै
आज अमर दास्ताँ सुना।
बैरकपुर मा रहिन सिपाही
बहुत रहिन बलवान सुना।
यक दिन बोलिन मंगल पांड़े
न छोड़ब आपन धरम सुना।
यक हाथे बन्दूक लिहिन
अउ यक हाथे तलवार सुना।
बोलिन सबै सिपाहिन से
आवा अब हमरे साथ सुना।
धरम की रच्छा खातिर हम तौ
आज किहेन पहथान सुना।
हसन जनडेल पकरै आवा
तान लिहिन बन्दूक सुना।

गोली खातय हस्सन मरिगा
दौरत फौजी आय सुना।
छिनी लराई मंगल पांड़े
हाथ न आवै हाल सुना।
एक ओर सब जुटे फिरंगी
पांडे अकेली जान सुना।
फिर तानिन सब अंग्रेजन पै
बीचे सेख बेइमान सुना।
पकरि लिहिन जब वै पांड़े क
पांड़े भइन हैरान सुना।
अपनी छाती गोली मारिन
निकसि न पाइस जान सुना।
दौरत आइके धरिन फिरंगी
जेहल मा किहिन पयान सुना।
बीर बाँकुरा देस के खातिर
फाँसी गै लटकान सुना।

नाना साहब पेशवा

मोरे नाना कै अजब कहानी
फिरंगी भरैं पानी।
जुलुम करैं अपनै परानी
नाना कै बहिन मरदानी।
झाँसी कै महारानी
जुलुम करैं अपनै परानी।
नाना कै अजब कहानी
बीती लरत जिंदगानी।
बैरी भये अपनै परानी
जुलुम करैं अपनै परानी।

अजीमुल्ला खाँ

जब अँगरेज हुकूमत से
नाना साहब कै ठनी रही।
तब खान अजीमुल्ला कै

नाना साहब से बनी रही।
देशभक्त अजीमुल्ला पै
गोरवन कै भुकुटी तनी रही।

बलभद्र सिंह

चहलारी राजा बीर बलभद्र सिंह
उनकै गाथा कही न जाय।
उनकै बड़ाई करैं दुसमनै
डर के मारे जाँय थर्राय।
अँगरेजन से छिरी लराई
तेगा छपक-छपक चलि जाय।
बीर बघउवा बलभद्दर सिंह
गदर मा जूझि खेत होइ जायँ।

हड़हा राम सिंह

राजा हड़हा राम सिंह से
छिड़ी लड़ाई घमासान।
दरियाबादी बघवा राजा
तब थर्राय गवा आसमान।
छप-छप काटिस अंग्रेजन क
फिर जंगल मा जाय लुकान।
लूटि खजाना वहि गोरवन कै
माँझा लौटि गवा बलवान।

बाबू कुँवर सिंह

अवध कै बाबा बाबू कुँवर सिंह
जाय पहुँचा अतरौलिया ना।
छापा मार लड़ैया आजमगढ़ ले
मिल्लन क पदियावा ना।
और कुमुक जब भेजे फिरंगी
डेमसा क लतियावा ना।

कुँवर सिंह कै दुइनौ लहुरै
होइ गये दाहिन-बावाँ ना।
तीनौ कम्मर कसिके आये
अम्मर, निहार, जवानसिंह भैवा ना।

बेगम हजरत महल

सूनी होइ गय नगरिया बेगम बिना।
जब हौलकवा आवै लाग नगरिया
बेगम रानी दिहिन भितिया चिना।
जब बेगम गईं हारि लड़ैया
जानि गईं आइ गये बिगरे दिना।
छोड़ि के चलीं लखनऊ नगरिया
जइसे चाँदनी रहै चारि दिना।
सूनी होइ गय नगरिया बेगम बिना।

अजीजन बाई

फौजी टोपे से मिली अजीजन
हमहूँ चलब मैदान मा।
बहू-बेटिन कै इज्जत लूटैं
काटि फेंकब मैदान मा।
अइसन राच्छस बसै न पइहैं
मारि देब घमासान मा।
भेद बताउब अंग्रेजन कै
जेतना अपनी जान मा।
भेद खुला तउ कटीं अजीजन
गईं धरती से आसमान मा।

राणा वेणीमाधव

अवध मा राना भयो मरदाना
पहिल लड़ाई भई बक्सर मा,
सेमरी के मैदाना।

हुवाँ से जाए पुरवा मा जीत्यो,
तबै लाट घबराना॥
नक्की मिली, मानसिंह मिलिगे,
मिले सुदर्सन काना।
छत्री बंस एक न मिलिहै,
जानै सकल जहाना॥
भाई, बंद औ कुटुम कबीला,
सबका करौ सलामा।
तुम तौ जाइ मिल्यौ गोरन ते,
हमका है भगवाना॥
हाथ मा भाला, बगल सिरोही,
घोड़ा चले मस्ताना।
कहैं 'दुलारे' सुन मेरे प्यारे,
यों राना कियो पयाना॥

भारतेन्दु हरिश्चन्द्र

हिन्दी साहित्य के इतिहास में आधुनिक काल के प्रवर्तक भारतेन्दु हरिश्चन्द्र का लोकजुड़ाव उनसे लोकभाषाओं में भी रचना करवाता है। ब्रज भाषा के साथ ही उन्होंने अवधी में भी रचनाएँ कीं।

1

निज भासा उन्नति अहइ
सब उन्नति को मूल।
बिनु निज भासा ग्यान के
मिटय न हिय को सूल॥

2

काहे तू चौका लगाये जयचन्दवा।
अपने स्वारथ भूलि लुभाये,
काहे चोटीकटवा बुलाये जयचन्दवा।
अपने हाथ से अपने कुल कै,
काहे ते जरिया कटाये जयचन्दवा।
फूट कै फल सब भारत बोये,
बैरी कै राह खुलाये जयचन्दवा।
औरउ नासितै आगे बिलाने,
निज मुँह कजरी पोताये जयचन्दवा।

3

गल्ला कटै लगा है कि भैया जो है सो है,
बनियन का गम भवा है कि भैया जो है सो है।
लाला की भैसी शोर निचोरत मा शाशी जब,
दूध ओहमा मिलि गवा है कि भैया जो है सो है।

इक तो कहत मा मर मिटी खिलकत जो हैगा सब,
तेह पर टिकस बँधा है कि भैया जो है सो है।
अँगरेज से अफगान से वह जंग होत है,
अखबार मा लिखा है कि भैया जो है सो है।
कुप्पा भये हैं फूल के बनिया के फर्ते माल,
पेट उनका दमकला है कि भैया जो है सो है।
अखबार नाहीं पंच से बढ़कर भवा कोऊ,
सिक्का यजम गवा है कि भैया जो है सो है।

4

सिखाय नाहीं देत्यो पढ़ाय नाहीं देत्यो।
सैंया फिरंगिन बनाय नाहीं देत्यो॥
लहँगा दुपट्टा नीक न लागै।
मेमन का गाउन मँगाय नाहीं देत्यो॥
वै गोरिन हम रंग सँवलिया।
रंग से रंग मिलाय नाहीं देत्यो॥
हमना सोइबे कोठा अटरिया।
नदिया प बँगला छवाय नाहीं देत्यो॥
सरसों का उबटन हम न लगइबै।
साबुन से देहियाँ मलाय नाहीं देत्यो॥
डोली मियाना प कब लग डोलौं।
घोड़वा प काठी कसाय नाहीं देत्यो॥
कब लग बैठी काढ़े घुँघटवा।
मेला तमासा जाय नाहीं देत्यो॥
लीक पुरानी कब लग पीटों।
नई रीत-रसम चलाय नाहीं देत्यो॥
गोबर से न लीपब-पोतब।
चूना से भितिया पोताय नाहीं देत्यो॥
खुसलिया छदम्मी ननकू हन का।
विलायत मा काहे पठाय नाहीं देत्यो॥
धन-दौलत के कारन बलमा।
समुन्दर मा बजरा छोड़ाय नाहीं देत्यो॥
बहुत दिनाँ लग खटिया तोड़िन।

हिन्दुन काँ काहे जगाय नाहीं देत्यो॥
दरस बिना जिय तरसत हमरा।
कैसर का काहे देखाय नाहीं देत्यो॥
हिज्र पिया तोरे पयाँ पड़त हैं।
पंचा मा एहका छपाय नाहीं देत्यो॥

प्रताप नारायण मिश्र

भारतेन्दु हरिश्चन्द्र की तरह 'दूसरे हरिश्चन्द्र' कहे जाने वाले प्रताप नारायण मिश्र ने भी अवधी में रचनाएँ की हैं। भारतेन्दु मंडल के ये ऐसे रचनाकार हैं जिनका व्यक्तित्व फक्कड़ है और यह फक्कड़पना इनके अन्य लेखन के साथ इन अवधी कविताओं में भी देखा जा सकता है।

धनि धनि भुइयाँ कानपूर की

दूर कानपुर ते नाहीं है यारौ कछु बिठूर को गाँव।
सन सत्तावन मा बलवा भये कानपूर के ये ही ठाँव॥

जितनी तिरियाँ कम्पू कटि गई सो तौ जानत है संसार।
लड़े लड़ैयन बालक काटैं जिन मुँह बहै दूध की धार॥

बाग कम्पनी कायम रहिहै चलिहै जुगन-जुगन चलि नाव।
अनरथ न होय सो थोरो यह सब धरती को परभाव॥

कहाँ लौं बरनौं मैं कम्पू को मोरे बूतो कहो न जाय।
धनि धनि भुइयाँ कानपूर की सतकर्मन की बिसम बलाय॥

सतजुग त्रेता ते चलि आये जहँ सब कलजुग के व्यवहार।
ऐसी धरती पर बसियत है बेड़ा राम लगावैं पार॥

बुढ़ापा

हाय बुढ़ापा तोरे मारे
अब तौ हम नकुन्याय गयन
करत-धरत कुछ बनतै नाहीं
कहाँ जाएँ औ कयिस करन

कहा चहउँ कछु, निकरत कछु है
जीभि राँड़ का है यहु हाल
कोऊ इहिकै बात न समझै
चाहै बीसन दाँय कहन।

दाढ़ी नाक याक मा मिलिगै
बिन दाँतन मुँह अस पोपलान
दाढ़ी पर बहि-बहि आवति है
कबौं तमाखू जौ फाँकन
बार पाकिगै, रीढ़हु झुकि गै
मूँड़ौ सासुर हालन लाग
हाथ-पाँव कछु करै न आपन
केहिके आगे दुख र्वावन।

ब्राह्मन क तुम दछिना देउ

कासी पुन्नि गया मा पुन्नि
बाबा बैजनाथ मा पुन्नि।
जो तुम द्याहौ बहुत खिजाय
या कउनिउ भलमंसी आय।
तुम अधीन ब्राह्मन के प्रान
ज्यादा कौनु बकै जजमान।
ब्राह्मन क तुम दछिना देउ
दूध पूत हमते लइ लेउ।
आजु काल्हि जो रुपया देउ
मानौ कोटि जग्य करि लेउ।

अँगरेजी राज्य पर क्षोभ

नोन तेल लकरी घासहु पर टिकस लगै जहँ।
बना चिरौंजी मोल मिलैं जहँ दीन प्रजा कहँ॥
जहँ महीप लगि रेजीडंट सो यहि डर डरहीं।
अब न होइ कहुँ तनक रूठि धनु धामहिं हरहीं॥

मानौं बँधुवा कलजुग क्यार

गरे जंजीरैं हैं सोने की
मानौं बँधुवा कलजुग क्यार।
बाँह अनन्ता कोउ-कोउ पहिरे
टड़िया मनौं मेहरियन क्यार॥
घड़ी अँगरखन मा कोउ खोंसे
टिहुना छड़ी धरे कोउ ज्वान।
भरि-भरि चुर्ट अउ सुँघनी सूँघइ
अउ कोऊ पर चाबैं पान॥

प्रथम उत्थान

1850 से 1900 तक

द्रुत पाठ

पद

अवध सइयाँ कीन्हेव न काल्हि की नइयाँ
लछिमन बान सघन कुंजन मा, तरु असोक की छहियाँ
ब्रज ते आये लीला दिखावन, गिरी देवाल टूटि करिहइयाँ
यह सुनि मधुर अली चकित भई, बार-बार परौं पइयाँ

—हनुमान शरण 'मधुर अली'

रसिक सम्प्रदाय के रामभक्त कवि। इनकी रचना है, 'राम दोहावली'।

चेतु-चेतु का गाफिल अरे

नरतन पाप भजन नहिं आये।
पाथर परा जो मूड़ मुड़ाये॥
पाँच-पचीस राति-दिन खटका।
सरग ते गिरा खजूरि मा अटका॥
चेतु-चेतु का गाफिल अरे।
मैं-मैं कहत देखु सब मरे॥
जन्म पदारथ बादहिं खोयौ।
बहता पानी हाथ न धोयौ॥
सत्संगति महँ बैठ तोहिं, ह्वै जाइहि मन सोझ।
सात पाँच की लाठी, एक जने का बोझ॥

—पहलवान दास

संत काव्यधारा के कवि। रचना है, 'उपखान विवेक'।

सन् 1857 में रोइयागढ़ की जंग

देखि तड़ावा अँगरेजन का, सवियाँ सृष्टि डेरानी है
अबधौं कैसी करैं गोसइयाँ, केहिकी मौत तुलानी है

उमड़ेउ सिन्धु कि बादर फाटेउ, धूरि अगास उड़ानी है
'लछिमन' कहैं धन्नि नृपति सिंह, जग मा सूरता बखानी है।

अपने-अपने खेमा गाड़ौ, करौ असन और पानी है
सहसा गढ़ी तीर न जाएउ, साहेबु बोलेउ बानी है
गोरा बढ़े सान के मारे बात न वहिकी मानी है
'लछिमन' कहैं धन्नि नृपति सिंह, जग मा सूरता बखानी है।

तीनि उँचौनी गौरन कीन्हीं, ठकुरन घाली-घानी है
खप्पर लीन्हे फिरै भगौती, पेइ-पेइ रुधिर अघानी है
खाइ सियार कहैं भल खावा, ठकुरन की मेहमानी है
'लछिमन' कहैं धन्नि नृपति सिंह, जग मा सूरता बखानी है।

—बाबा लक्ष्मणदास बैरागी

अवधी साहित्येतिहास लेखक श्यामसुंदर मिश्र 'मधुप' के अनुसार ये हरदोई के निवासी थे और आजादी की पहली लड़ाई इन्होंने देखी थी।

अँगरेज-भक्ति का मजा

चैन करै जो मजे उड़ाय
तिसका टिक्कसु तक छुटि जाय।
यह अचरज देखौ तौ आय
सोचत बुद्धि बिकल होइ जाय।

—बदरीनारायण चौधरी 'प्रेमघन'

भारतेन्दु मंडल के विशिष्ट रचनाकार। इनकी लोकगीतों से सम्बन्धित रचना है, 'कजली कादम्बिनी'।

पद

सोहै न तोके पतलून साँवर गोरवा
अच्छर चारि पढ़े अँगरेजी बनि अफलातून साँवर गोरवा
मिलहिं मेम तोहैं कइसे जेकर फेयर फेस लाइक दो मून साँवर गोरवा
बिसकुट केक कहाँ तू पइब्या चाबइ चना भले भून साँवर गोरवा
डियर प्रेमघन हियरे दया कर गीत न गावौ लेम्पबून साँवर गोरवा

—बदरीनारायण चौधरी 'प्रेमघन'

द्वितीय उत्थान

1900 से 2000 तक

मूल पाठ

अमीर अली शाह साहब वारसी अफी अनहू

कबीरपंथी संत कवि। 1890 ई. में जन्मे, बाराबंकी-अवध में, लेकिन बाद में सीतापुर जिले में रहने लगे। 1975 में दिवंगत। 'ज्ञान-सागर' (दो भाग) इनके पदों और भजनों का संग्रह।

पद

1

मोरे मन बसि गयौ अबिनासी रे
तीरथ बरत मनहिं नहिं भावत कहँ मथुरा कहँ कासी रे
कथा भागवत गीता गावत बेद बतावत गासी रे
कोई पूजत कोई बाँग लगावत कोई बना संन्यासी रे
'अमीर अली' पिया खोज करै जो हर घट मा हरि बासी रे

2

अपने राजा पै सिंगरवा हमहूँ करब
नेम धरम के पात गढ़इबै प्रेम की बिन्दी हमहूँ भरब
सत्य वचन की माला पहिरब ग्यान की टिकुली हमहूँ धरब
अलख नाम की ओढ़ चुनरिया सइयाँ की सेजिया हमहूँ सुतब

3

राजा हमका गवनवा बेसाहि लियो हो
सत्य सनेह करनफूल झुमका ग्यान की बेंदी भराइ लियो हो
सील सुभाव के कंगन गुजरिया प्रेम की छागल गढ़ाइ लियो हो
नेमधरम के अनवट बिछुवा अनहद पायल बजाइ लियो हो
जोग की मिस्सी ध्यान का सुरमा पिया से नयनवाँ लड़ाइ लियो हो
लाज सरम की ओढ़ चुनरिया 'अमीर अली' सइयाँ का रिझाइ लियो हो

4

नैहर अँगिया धुमिल भई सगरी
सासु मोहिं मारै ननद गरियावै मइके बात सब बिगरी
का मुख लइकै स्वामी के जइबै, संग सखी सब बिगरी
पँच रँग अँगिया मैलि करि डार्‌यौ यौ सइयाँ कहैं बेहुनरी
'अमीर अली' कहैं धोबिया धोवइबे गन्दी कल्प करि नइरी

5

अजब बना बँगला दसौ दुवार
वहरे बँगलवा की ऊँची अटरिया तेहिमा बैठा पुरुस हमार
वहरे बँगलवा मा नौबति बाजै नेम धरम केरी लगी है बजार
वहरे बँगलवा मा एकै खिड़किया खन भीतर खन चढ़त अटार
वहरे बँगलवा मा सइयाँ संग सोवत 'अमीर अली' प्रिय हनत केवार

6

सिपहिया पाँचौ डाहे डारे
पाँचौ सिपहिया की न्यारी-न्यारी रितियाँ एक से एक हनि डारे
पाँच पचीस तीस सब मिलिके तीनिउ लोक संधारे
पाँच सिपहिया पचीस सिलहिया निसदिन सब जग जारे
प्रेम की बाट बचै कोई चातुर 'अमीर अली' निरवाहे

7

गोरिया सइयाँ जहानाबाद
घर-घर ढूँढ़ि फिरिउँ सब देसवा गोरिया सइयाँ पता न लाग
कोई सखी मोहैं पता न बतावै गोरिया मैं का अन्देसवा लाग
दिन नहीं चैन राति नहिं निंदिया गोरिया हमका भावै न सोहाग
'अमीर अली' आस गुरु चरनन की गोरिया सइयाँ मिले बड़ी भाग

बलभद्र प्रसाद दीक्षित 'पढ़ीस'

आधुनिक अवधी कविता के निर्विवाद सिरमौर कवि बलभद्र प्रसाद दीक्षित 'पढ़ीस' 1898 ई. में सीतापुर-अवध में जन्मे थे। 44 वर्ष की अल्पायु में ही इन्होंने जैसा लेखन किया वह मील का पत्थर है। उस वक्त को देखें तो सुखद आश्चर्य होता है कि दुर्लभ प्रगतिशील चेतना पढ़ीस के यहाँ व्याप्त है। वर्ग-चेतना जब हिन्दी साहित्यकारों में भी नहीं दिख रही थी, पढ़ीस के यहाँ वह आंचलिक मुहावरों में रचनात्मक ऊर्जा दिखा रही थी।

कठपुतरी

ठुनुकि-ठुनुकि ठिठुकी कठपुतरी।

रँगे काठ के जामा भीतर
अनफुरु पिंजरा पंछी ब्वाला,
नाचि-नाचि अँगुरिन पर थकि-थकि
ठाढ़ि ठगी असि जसि कठपुतरी।

छिनु बोली छिनु रोई गाई,
धाई धक्कन उछरि-पछरि फिरि;
उयि ठलुआ की ठलुआयिन ते
परी 'चकल्लस' मा कठपुतरी।

तुम हे साजन

मँइ गुनहगार के आधार हौ तुम हे साजन
निपटि गँवार के पियार हौ तुम हे साजन
घास छीलति उयि चउमासन के ख्वादति खन,
तुम सगबगाइ क हमरी अलँग ताक्यउ साजन
हायि हमहूँ तौ सिसियाइ के मुसक्याइ दिहेन,

बसि हँसाहुसी मोहब्बति मा बँधि गयन साजन
आदि कइ-कइ कि सोचि-सोचि क बिगरी बातै,
अपनिहे चूक करेजे मा है सालति साजन
तुम कहे रहेउ कि सुमिरेउ गाढ़े सकरे मा,
जापु तुमरै जपित है तुम कहाँ छिपेउ साजन
बइठि खरिहाने मा ताकिति है तउनें गल्ली,
जहाँ तुम लौटि के आवै क कहि गयौ साजन
हन्नी उइ आई जुँधय्यउ अथयी छठिवाली,
टस ते मस तुम न भयउ कहाँ खपि गयौ साजन?
कूचि कयि आगि करेजे मा हायि बिरहा की,
कैस कपूर की तिना ति उड़ि गयउ साजन
याक झलकिउ जो! कहूँ तुम दिखायि भरि देतिउ,
अपनी ओढ़नी मा तुमका फाँसि कै राखिति साजन

स्वनहुली स्यामा

बरगद के तरे बाउली पर, हिरदउँ के भीतर भाउ भरी
उतरी बिन पँखन केरि परी, वह चन्द्रलोक की किरनि जयिसि—
साँवरि-साँवरि सुन्दर स्यामा।
रसरी पर नव रस रमे जायि, गगरी तीनिउ गुन भरे जायि
द्याखति मा आँखी खुली जायि, उइ सुबरन रेखा केरि झलक—
जब पानी भरयि लागि स्यामा।
गज्जी की ब्वढ़नी हयि पुरानि, मुलु साफ-साफ धोयी फींची
कसि जोति जुवानी आगमु की, फाटे कपरा ते फूटि परयि—
सुन्दरापा केरि खानि स्यामा।
बिरवन पर पंछी झूलि रहे, ख्यातन मा सरसउँ फूलि रहे
गोरू गउढ़ी पर पुलकि-पुलकि, लीचर बछरा कुल्याल मारयिं—
अल्हर छवि चितयि रही स्यामा।
पातिन की पहुँची हाथन मा, फूलन की चूरामनि बाँधे
मुँदरी कनफूल सिंकहुलन के, झुमका निमकउरी अस झूलयिं—
का फूलपरी उतरी स्यामा।
हन्नी की बच्ची छोटि छोटि, वह करयि पियारु पलाऊ हयि
पुचकारि जगति ते कूदि परी, दुलराइ रही, ब्यल्हरायि रही—
हन्नी ते हन्नी जसि स्यामा।

तन-मन मा सब सुधि बिसरि रही, ख्यलबखरी मा पसु पंछिन की
मन के ब्यकार थर्रायि रहे, उयि तपसी की कन्या आगे—
अिसि, दूध की धोयी वह स्यामा।
भय्या तनकुन्ना आवा, तिहिंका दीदी उबहनि दयि दीन्हेसि
टेंटे पर गगरी छलकि रही, वह मुहुरु-मुहुरु घर का डगरी—
हन्नी असि चितयि रही स्यामा।
कँगला किसान घर जलमी जो, रोटी कपरा का तरसयि मुलु
साँचे सुख ते सुबरन बरसयि, जब 'बापू-बापू' ग्वहरावयि—
बरसायि स्वनहुली छवि स्यामा।
टुकुवा प्यँउदा घघरी ते हँसि, दुनियादारन ते पूँछि रहे!
यह बिस्व पिता की पुतरी तुम, कउनी आँखिन ते देखि रह्यउ—
आधी उघारि सयानि स्यामा।
मुलु राज-पाट्, रुपया तुमार, वहिके ठ्यँगरन पर नाचि रहे,
माता बिथरउती हयिं यी छबि पर हीरा-मोती किरनिन ते—
तन-मन ते पूरि रही स्यामा।

मनई

तन मन का पूर-पूर पुतरा,
बसि, वहयि आयि सुन्दर मनई !
बाहर भीतर ऊँचे खाले मा
वहयि आयि सुन्दर मनई।
जो जानयि कइसे जलमु लिह्यन
अब का करबयि, फिर कहाँ जाब !
जो द्याखयि 'हम' 'तुम' को आहीं
बसि, वहयि आयि सुन्दर मनई !
दुसरे के दुख ते दुखी होयि
अपनौ सुख सबका बाँटि देयि
जो जानयि सुख-दुख के किरला
बसि, वहयि आयि सुन्दर मनई !
अउरन की बिटिया महतारी
जो अपनिन ते अधकी मानयि
जग के सब लरिका अपनयि अस
बसि, वहयि आयि सुन्दर मनई !

आँखिन मा करुना छलकि रहयि
च्यहरा पर दाया झलकि रहयि
मर्दुमी बाँह मा फरकि रहयि
बसि, वहयि आयि सुन्दर मनई !

जो बिगहा भर भुइँ मा स्वावयि
अउरन का कचरि-कचरि कलहयि
वुहु कामदेवु का परप्वातयि
मुलु कहाँ, कयिस, सुन्दर मनई !

जो दुखियन देखे खारु खायि
सुख वाल्यन ते खीसयि काढ़यि
वुहु भले सिकन्दर का प्वाता
मुलु कहाँ रहा सुन्दर मनई !

जो अपनयि मा बूड़ा बाढ़ा,
संसारु सयिंति कयि सोंकि लिहिसि
वुहु राकसु हयि, वुहु दानउ हयि,
अब, कउनु कही सुन्दर मनई !

जो सब धरमन का धारे हयि
सबमा मिलि एकु रूपु द्याखयि
वुहु क्यसन, मुहम्मद, ईसा, बुद्धा
वहयि आयि सुन्दर मनई!

उयि का जानिन हम को आहिन?

दुनिया के अन्न देवय्या हम,
सुख-सम्पति के भरवय्या हम
भूखे-नंगे अधमरे परे
रकतन के आँसू रोयि रहे;

हमका द्याखति अंटा चढ़िगे
उयि का जानिन हम को आहिन।

ज्याठ की दुपहरी, भादउँ बरखा
माह कि पाला पथरन मा
हम कलपि-कलपि अउ सिकुरि-सिकुरि
फिर ठिठुरि-ठिठुरि कयि जिउ देयी;

ठाकुर सरपट-सों यहु कहिगे,
उयि का जानिनि हम को आहिन।

मोटर मा बयिठी बिसमिल्ला
दुइ-चार सफरदर सोहदा लयि
जामा पहिन्दे बेसरमी का
खुद कूचवान सरकार बने;
पंछी पँड़ुखी मारिनि-खायिनि
उयि का जानिनि हम को आहिन।
हम कुछ आहिन उयि जानयिं तउ
हइ नातु पुरातन मानयिं तउ !
उइ रहिहयिं तउ हमहूँ रहिबयि
हम तें उनहुन की लाज रही;
घरु जरि कयि बंटाधारु भवा,
तब का जानिन हम को आहिन।

बिटउनी

फूले काँसन ते ख्यालयि
घुँघुवार बार मुँहुँ चूमयि
बछिया-बछरा दुलरावयि
सब खिलि-खिलि, खुलि-खुलि ख्यालयि।
बारू के ढूहा ऊपर
परभातु-अयिसि कसि फूली
पसु पंछी मोहे-मोहे
जंगलु मा मंगलु गावयिं।
बरसायि सतउ गुनु चितवयि,
कँगला किसान की बिटिया।
तितुली के पाछे दउरयि
थकि-थकि के ल्वाटयि-प्वाटयि
लुकि-छिपि के ब्यरझरियन मा
तित्तुर के बच्चा पकरयि।
रोटी का कवरु चलावयि
कबरा कुतवा ललचावयि
पीठी पर बिल्लो रानी
न्यउरा ते खीसयि काढ़यि।
लरिकई का पूर खजाना
कँगला किसान की बिटिया।

भ्वरहरे जागि वह आवयि
टिल्लन पर बेनि बजावयि
सब गोरू पाछे दउरयिं
फिर चाटयिं, चुकरयिं, हुँकरयिं।
द्याखतयि पुँछारी नाचयिं
ताल दयि मुरइला उछरयिं
साधे सनेहु की जउरी,
जर चेतन बाँधे घूमयि।
बन-कन्या-अस किलकारयि
कँगला किसान की बिटिया।
जब आगि भरी आँखिन ते
सबिता दुनिया का द्याखयि
दस दिसि ते बादर दउरयि
भरि करियारी के फीहा।
मुँह झाँपि लेयिं द्यउता का-
कुम्हलायि न कहूँ कुँवारी;
जब रिमिक-झिमिक झरि लागयि
बिरवा तकि छतुरी तानयि।
कुस डाभन ऊपर पनपयि
कँगला किसान की बिटिया।
दुइ घरी राति बीते पर
वह नदी तराई घूमयि
म्यढ़की मछरी तकि-जकि कयि
गुन गनि-गनि गीत सुनावयि।
मँझरा के बीच मड़य्या
वह ऊँचा-खाली दउरयि
जुगुनू पियारु के मारे
ग्वाड़न तर दिया जरावयिं।
वह चली जाय नि:कंटक
कँगला किसान की बिटिया।
पयिरा पर पउढ़ी-पउढ़ी
वह चितवइ चाकु चँदरमा
मुसक्यायि रूपु छबि छकि-छकि
प्रेम की अरघ अँजुरी भरि।

भ्याटयिं अकास ते तारा-
दुगुनायि दिपित देहीं की
बप्पा के तप की वेदी
अम्मा की दिया-चिरइया।
धनवान की द्वासरि दुनिया
कँगला किसान की बिटिया।

उयि अउर आयिं हम अउर आन!

1

सोचति समझति इतने दिन बीते
तहूँ न कहूँ खुलीं आँखीं?
काकनि यह बात गाँठ बाँधउ—
उयि अउर आयिं हम अउर आन !

2

उयि लाट कमहटर के बच्चा,
की संखपतिन के पर-पोता,
उयि धरम-धुरंधर के नाती,
दुनिया का बेदु-लबेदु पढ़े,
उयि दया करैं तब दानु देयिं,
उयि भीख निकारैं हुकुम करैं,
सब चोर-चोर मउस्याइति भाइ,
एक-एक पर ग्यारह हैं।
तोंदन मा गड़वा हाथी अस—
उयि अउर आयिं हम अउर आन !

3

उयि बड़े-बड़े महलन ते हँसि-हँसि,
लाखन के व्यउहार करैं;
घंटिन ते चपरासी ग्वहरावैं
फाटक पर घंटा बाँधे हैं

गुर्राय उठैं आँखी काढ़े
पदढिट्ठी कै भन्नायि जायँ
उयि महराजा, महंत दुनिया के
अक्किल वाले ग्यानवान।
अक्किल ते अक्किल काटि देयिं—
उयि अउर आयिं हम अउर आन !

4

काकनि, तुमार लरिका बिटिया
छूढ़ा, पानी पी हरु जोतैं,
उनके तन ढकर-ढकर चितवैं
बसि कटे पेट पर मुँहुँ बाँधे
मलकिनी दुरदसा की मारी
खाली हाथन भुकुरयि लागैं।
उयि राजि रहे, उयि गाजि रहे—
उयि अउर आयिं हम अउर आन !

5

हम लूकन भउकन पाला पथरन
बीनि-बीनि दाना जोरी
की बड़े-बड़े पुतरी-घर भीतर
मूड़ हथेरी धरे फिरी?
चूरै हालीं नस-नस डोली
यी राति-दउस की धउँपनि मा
तब यहै भगति अउ भलमंसी
हम हरहा गोरू तरे पिसे।
पंचाइति मा तुम पूँछि लेउ—
उयि अउर आयिं हम अउर आन !

द्वारकाप्रसाद मिश्र

मध्य प्रदेश राज्य के गृहमंत्री और मुख्यमंत्री जैसे महत्त्वपूर्ण पदों पर रह चुके द्वारकाप्रसाद मिश्र 1901 ई. में उन्नाव-अवध में जन्मे थे। स्वाधीनता आन्दोलन से जुड़े रहे और कई बार जेल भी गए। 1942 में जेल में रहने के दौरान ही इन्होंने अवधी में कृष्ण के जीवन पर आधारित 'कृष्णायन' महाकाव्य की रचना की।

'कृष्णायन' के 'रास मंजुल' से कुछ अंश

शरदागम शोभित मधु यामिनि,
महि अवतरित मनहुँ सुर-कामिनि।
विलसित व्योम विमल विधु आनन,
कुंचित अलक श्याम शशलांछन।
पुलकित कौमुदि अमल दुकूला,
तारक-अवलि विभूषण फूला।
बंधुक-अरुण अधर अभिरामा,
कलिका कुंद दशन द्युति धामा।
कौरव कुंडल श्रवणन धारे,
नवल मल्लिका चिकुर सँवारे।
हंस मुखर नूपुर स्वर गावति,
अलि ध्वनि किंकिनि बाद्य बजावति।
हरि ढिग शरद शर्वरी आई,
चित-रंजिनी वृत्ति हुलसाई।
अधर धरी मधु मुरलि कन्हाई,
संसृति सकल समीप बुलाई।

जागेउ जड़-चेतन जगत, त्यागे नीड़ विहंग।
निकसे वनचर तजि विपिन, सँग-सँग सिंह कुरंग॥

गति आपनि सबहिन बिसराई,
बंशी-रव पहुँचेउ ब्रज जाई।
जागे नर, जागी ब्रज-बामू,
पूछत—"रास रचेउ कहँ श्यामू?"
महि कोऊ, कोउ ब्योम निहारा,
"बही उमगि कहँ ते स्वर धारा?"
लै लै नाव श्याम उत टेरे,
चले दारु-योषित इव प्रेरे।
सकेउ न रहि कोऊ निज धामा,
गवने ब्रजनन जहँ घनश्यामा।
सकुच नाहिं भीतिहु हिय नाहीं,
आये निमिष माहिं हरि पाहीं।
लखे समीप श्याम चहुँ ओरा,
सिंह, व्याघ्र, गज, मृग, पिक, मोरा।
सुनत बेणु-ध्वनि त्यागि उपाधी,
जनु मुनीश सब लागि समाधी।

ठिठकेउ बिधु बँधि बेणु-स्वर, बहेउ ब्योम उल्लास।
याम-हीन यामिनि भई, रचेउ श्याम महि रास॥

हरि-प्रेरित सब ब्रज नर-नारी,
धाये एक एक कर धारी।
शोभित सकल मंडलाकारा,
चंचल चरण, चपल दृग-तारा।
राधा-माधव मध्य विराजे,
छवि विलोकि रति मन्मथ लाजे।
दामिनि-द्युति राजहिं ब्रज-वामा,
नील निचोल नवल अभिरामा।
अँग-अँग आभूषण मणि मोती,
किरण समुज्ज्वल जगमग ज्योती।
मेचक केशबंध कमनीया।
विरचित सुमन-रजि रमणीया।
मृगमद-बिन्दु इन्दु द्युति साजी,
कर कंकण, कटि किंकिणि बाजी।

बाजे वीणा विविध मृदंगा,
मुरज पखावज एकहि संगा।

सरल सुरन मुरली बजी, गावे गोविंद गान।
सिहरिससुखबसुधासुनति, सृजन-प्रलय-अख्यान॥

गोपिन गोविन्द-लीला गाई,
स्वर-सुरसरि महि व्योम बहाई।
नर्तन सुन मिलि नटवर संगा,
दमकत बदन ललित भ्रू-भंगा।
अनुहरि ताल चरण चलि जाहीं,
थिरकत अंग, अधरु मुसकाहीं।
पटकत पग उपजत उल्लासा,
पद पद बाढ़त लास विलासा।
भुज फेरत, कर भाव बतावत,
बलय मुद्रिका रस बरसावत।
कबरी शिथिल सुमन झरि लागी,
बदन कमल कच अति अनुरागी।
लहरत बसन, उड़त उर अंचल,
अनुहरि हरिहिं बिलोल दृगंचल।
दरकत कंचुकि, नरकत माला,
प्रकटत आनन श्रम-कन-नाला।

नील पीत पट, लट मुकुट, कुंडल श्रुति ताटंक।
अरुझत एकहिं एक मिलि, राधा-माधव-अंक॥...

वंशीधर शुक्ल

आधुनिक अवधी कविता के विशिष्ट कवि। अपने प्रगतिशील तेवर के लिए अलग से रेखांकित। जन्म 1904 ई. में लखीमपुर खीरी में हुआ। पिता किसान और अल्हैत थे, उनकी संगति में इन्होंने भी यह कला सीख ली और अपनी प्रतिभा से अनूठी अवधी रचनाएँ कीं। राजनीति में सक्रिय रहे और विधायक भी बने। अवधी में कविताओं के अतिरिक्त कहानियाँ भी लिखीं।

निहारउ तौ

तनी कोई घई निहारउ तौ,
मुदी बाठइँ तनिकु उनारउ तौ।
कवनु समझी नहीं तुम्हइँ अपना,
तनी तिरछी निगाह मारउ तौ।
करेजु बिनु मथे मठा होई,
तनी अपने कने पुकारउ तौ।
कौनु तुमरी भला न बात सुनी,
बात मुँह ते कुछू निकारउ तौ।
सगा तुमका भला न को समुझी,
तनि सगाई कोहू ते ज्वारउ तौ।
हुकुम तुम्हार को नहीं मानी,
सिरु मूड़े का तनि उतारउ तौ।
तुमरी बखरी क को नहीं आई,
फूटे मुँह ते तनी गोहारउ तौ।
इसारे पर न कहउ को जूझी,
तनि इसारे से जोरु मारउ तौ।
बिना मारे हजारु मरि जइहैं,
तनि काजर की रेख धारउ तौ।
जइसी चलिहउ हजार चलि परिहैं,

तनी अठिलाइ क़दमु धारउ तौ।
हम तुम्हइँ राम ते बड़ा मनिबा,
तनि हमइँ चित्त मा बिठारउ तौ।

राम-मड़ैया

नदी किनारे सड़क न गल्ली, द्वारे भरी तलैया
हुवैं बनी है राम सहारे, अपनी राम-मड़ैया।
जहाँ बयारि लगावै बढ़नी जुगनू दिया देखावैं
सुअर, सियार, चील्ह, गिलहरिया कूरा सैंति उठावैं
चिरई-कौवा का-का कहि-कहि जागि जगाय सोवावैं
उइ-उइ अथै-अथै कै सविता दिनु औ राति बतावैं
जहाँ बँदरवा डाका डारैं, चोरी करै बिलैया
हुवैं बनी है रामसहारे, अपनी राम-मड़ैया।
जहाँ जाड़ु मुट्ठिन मा बाँधा, बरफ जमी छपरन पर
राति-दौसु बीतै पयार मा, मौत टँगी खुँटियन पर
दसौ दिसा गुर्राय गरम ह्वै, जेठ दुपहरे झौंके
सुर्ज चूसि कै धरती भिजवैं, धूरि उड़ै नभ छौंकै
सावन रोवै चैतु हँसावै, बीतै छप्पक छैया
हुवैं घास मा बनी फूस की, अपनी राम-मड़ैया।
जहँ गाइन का घंटा ठनकै, भैंसिन का हुँकारा
घोड़वा हींसै, बघवा डहुँकै, गदहा देय नगारा
कूकुर उल्लू बने पहरुवा, निहुकी निहुकि जगावैं
पीपर बरम नीम पर भुइयाँ, जिन्द परेत पुजावैं
जहाँ बजै रैदास कै डफली नाचैं कुँवर-कन्हैया
हुवैं बनी निंबियन के भीतर, अपनी राम-मड़ैया।
कहूँ-कहूँ बाँसन का झुरमुट नागफनी चौधारा
मूँजा, बेलझर, काँट-करौंदा, रूँधि रहे गलियारा
जहाँ बसंत चुवावै महुवा, जेठु तपै जलु बरसै
सरद कमल, हेवंतु गेंदन पर, सिसिर कुसुम पर बिलसै
जलचर बनचर करैं किलोलैं नाचै सुवा-चिरैया
हुवैं बनी सूनी दुनिया मा, अपनी राम-मड़ैया।
नेउरा, बीदर, बर्र डिंगारै, साँप कहैं घरु अपना
मुसवा सुड़ग सैंधि रचि चेटा सम्पति चहैं हड़पना

राजा ब्यौहर निगलैं उगिलैं नदी हिल्वारा मारै
सूखा, आगी, पानी, पाथर छिन-छिन प्रान निकारै
कोऊ दवा न दुवा देवैया, घर-घर हापा दैया
हुवैं बनी आफति की मारी, अपनी राम-मड़ैया।
करिया अच्छर भैंसि उजड़ मूढ़ भगवान
मचा अंधेरु स्वार्थ का गाना बैरिन का सम्मान
जहाँ नहीं ब्यापी अँगरेजी जमि न सकी सुलतानी
नई सभ्यता डरि-डरि भागी घर-घर रीति पुरानी
जहाँ किसान जगत के पालक बसैं बया के भैया
हुवैं बनी है बिना बसाये, अपनी राम-मड़ैया।

राजा की कोठी

ऊँची-नीची रंग-बिरंगी लगी सरग मा चोटी
बड़ी दूर ते चमकि रही है वह राजा की कोठी।

चौगिर्दा थनिहनि की पलटनि पनिहा सोती खावाँ
केरा झुके, पपीता लटके, ईंट लखौरी झावाँ
मेहँदी कटि-कटि राह बनावै, बिरवा चौंरु डोलावैं
फूल बैठि पछितायँ, गलिन मा बरबस महकि लुटावैं
पंछी कैदी, पौदा कैदी, देखतै काँपइ बोटी
कैद किहे जियरा किसान का, यह राजा की कोठी।

जहाँ मांसु चुरि रहे पसुन के, खाल बिछी बघवन की
घोड़वा बाँधे हाथी चिघरैं सकल टँगी देवतन की
राम-कृष्ण के मूँड़ टँगे, संकर लटके साँपन मा
पुरिखा जड़े परे सीसन मा, रूप भरे कमरन मा
बिजुली जरै, तार मुँह ब्वालैं, पानी उगिलै टोंटी
जियै गाँव का चूसि-चूसि कै, यह राजा की कोठी।

ईंट किसानन के हाड़न की लगा खून का गारा
पाथरु अस जियरा किसान का चमकि आँख का तारा
लगी देस-भक्तन की चर्बी चिकनाई जुलमन की
घंटा ठनकै अन्याइन का, कथा होइ पापन की

जहाँ बसै ऊ जम का भइया, खाइ खून की रोटी
वहै बनी बूचड़खाना अस महराजा की कोठी।

दफतर बना रजट्ठर गाँजे, लिखैं गुलाम कसाई
फाटै प्याट किसान देव के, लूटैं लाज कमाई
पूजा होई अफसरवन की, चलै छुरी सुधुवन पर
बनै लूटि का जालु राति-दिनु नाव चलै तिकड़म पर
जहाँ सतीत्व लुटै अबलन का छीनी जाइ लँगोटी
वहै बनी बैतरनी तट पर, महराजा की कोठी।

हुवाँ कस-कस होई निरबाह

जहाँ न प्रकृति भरै उत्साह
हुवाँ कस-कस होई निरबाह।

जहाँ गौखुर की उड़ै न धूरि, लैरुवा लिचरन की पुडुकानि
कबुत्तर, बदकै, पुड़खा, सुवा, रँगीली चिरइन की किलकानि
न बोलैं मोर, न स्यार बिलार, महरि भुजइनि कागा कटनास
बताई को पग पग पर सगुन, बँधाई को भविस्स की आस
जहाँ न खुलि कै निकरै आह,
हुवाँ कस-कस होई निरबाह।

न छोटे लरिका अनखा दिहे, धूरि मा लोटि-लोटि बेल्हरायँ
न रिछवा, नकवा बघवा लड़ैं, न छुट्टा साँड़िन साँड़ बँबायँ
न रन मा तालु देयँ लट्ठैत, मोछ मन्नावें जीतें खेतु
न भेड़ा, तुत्तुर, बटई लरैं, पहाड़ी, जंगल, नदी, न रेतु
जहाँ पर औटि पियावैं चाह,
हुवाँ कस-कस होई निरबाह।

न उम्बी, ह्वारा, गद्दर छियाँ, न बाली, भुट्टा, न अमल्वास
नहीं रितु-रितु का मिलै प्रसाद, उठै-बैठै का नहीं सुपास
बाग, झुड़िया, बिरवन की छाँह, हवा टटियन की मेघ-मलार
न पग-पग हरी घास की फर्स, न पुरइनि गुजरी लेइ हिल्वार
न पावै कोउ कोऊ की थाह,
हुवाँ कस-कस होई निरबाह।

ताल, ख्यातन, हाटन की मिलनि, गली खरिहानन की बतुवानि
ओस की चाटि-चाटि के बुंद, लहलही फसलनि की लहरानि
बिर्छ पत्तन पर फूलति जाएँ, पत्र फूलनि पर फूलति जाएँ
राति आवै घरु लेइँ छिपाय, दौसु आवै घरु देइँ देखाय
जहाँ भूलै पुरिखन की राह,
हुवाँ कस-कस होई निरबाह।

जहाँ होरिल भुइँ लागे फिरइँ, नियम पालक चकवा से बीर
पियासा पपिहा भरमति फिरै, न पीवै कहूँ घड़ा का नीर
सुर्ज का देखे न सुसुवार, पूत कोयल के सेवैं काग
अन्न दै भूसा खावैं बर्ध, न कबहूँ भारि बनावैं नाग
होइ न कुवाँ बाग का ब्याह,
हुवाँ कस-कस होई निरबाह।

अछूत की होरी

हमैं यह होरिउ झुरसावइ।
खेत बनिज ना गोरू गैया ना घर दूध न पूत।
मड़ई परी गाँव के बाहर, सब जन कहैं अछूत॥
द्वार कोई झँकइउ ना आवइ।
...हमैं यह होरिउ झुरसावइ।
ठिठुरत मरति जाड़ु सब काटित, हम औ दुखिया जोइ।
चारि टका तब मिलै मजूरी, जब जिउ डारी खोइ॥
दुःख कोई ना बँटवावइ।
...हमैं यह होरिउ झुरसावइ।
नई फसिल कट रही खेत मा चिरइउ करैं कुलेल।
हमैं वहे मेहनत के दाना नहीं लोनु न तेल॥
खेलु हमका कैसे भावइ।
...हमैं यह होरिउ झुरसावइ।
गाँव नगर सब होरी खेलैं, रंग अबीर उड़ाय।
हमरी आँतैं जरैं भूख ते, तलफै अँधरी माय॥
बात कोई पूँछइ न आवइ।
...हमैं यह होरिउ झुरसावइ।

सुनेन राति मा जरि गइ होरी, जरि के गई बुझाय।
हमरे जिउ की बुझी न होरी जरि जरि जारति जाय॥
नैन जल कब लैं जुड़वावइ।
...हमैं यह होरिउ झुरसावइ।
हाड़ मांस जरि खूनौ झुरसा, धुनी जरै धुँधुवाय।
जरे चाम की ई खलइत का तृष्णा रही चलाय॥
आस पर दम आवइ जावइ।
...हमैं यह होरिउ झुरसावइ।
यह होरी औ पर्ब देवारी, हमैं कछू न सोहाइ।
आप जरे पर लोनु लगावै, आवै यह जरि जाइ॥
कौनु सुखु हमका पहुँचावइ।
...हमैं यह होरिउ झुरसावइ।
हमरी सगी बिलैया, कुतिया रोजुइ घर मथि जाय।
साथी सगे चिरैया कौवा, जागि जगावैं आय॥
मौत सुधि लेइउ न आवइ।
...हमैं यह होरिउ झुरसावइ।

(रचनाकाल : १९३६ ई.)

महँगाई

हमका चूसि रही महँगाई।

रुपया रोजु मजूरी पाई, प्रानी पाँच जियाई,
पाँच सेर का खरचु ठौर पर, सेर भरे माँ खाई।
सरकारी कंट्रोलित गल्ला हम ना ढूँढ़े पाई,
छा दुपहरी खराबु करी तब कहूँ किलो भर पाई।
हमका चूसि रही महँगाई।

जिनकी करी नउकरी उनते नाजउ मोल न पाई,
खीसइ बावति फिरी गाँव मा हारि बजारइ जाई।
लोनु तेलु कपड़न की दुरगति दारि न देखइ पाई
लरिका घूमइं बाँधि लँगोटा जाड़ु रहा डिड़ियाई।
हमका चूसि रही महँगाई।

खेती वाले गल्ला धरि धरि रहे मुनाफा खाई,
हमरे लरिका भूखे तरसइं उइ देखइं अठिलाई।
खेती छीने फारम वाले ट्रैक्टर रहे चलाई,
गन्ना गोहूँ बेंचि बेंचि के बैंकइ रहे भराई।
हमका चूसि रही महँगाई।

सबते ज़्यादा अफसर डाहइं औ डाहइं लिडराई,
पार्टी बंदा अउरउ डाहइं जेलि देइं पहुँचाई।
बड़ी हउस ते ओटइ दइ दइ राजि पलटि मिलि जाई
अब खपड़ी पर बइठि कांग्रेस हड्डी रही चबाई।
हमका चूसि रही महँगाई।

ओट देइ के समय पारटी लालच देंय बिछाई
बादि ओट के अइसा काटइं, जस लौकी चउराई।
खेती वालन का सरकारउ कर्जु देइ अधिकाई
हमइं कहूँ ते मिलइ न कर्जा हाय हाय हउहाई।
हमका चूसि रही महँगाई।

बढ़िया भुईं माँ जंगल रोपइं ताल झील अपनाई
गाँव की परती दिहिसि हुकूमत दस फीसदी छोड़ाई।
देखि न परइ भुम्मि अलबेली खेती करइ न पाई
ऊसर बंजर जोता चाही चट्ट लेइं छिनवाई।
हमका चूसि रही महँगाई।

जो कछु हमरी सुनइ हुकूमत तौ हम बिनय सुनाई
सबकी खेती नीकि हमइं जंगलइ देत जुतवाई।
चउगिरदा सब राहइं रूँधी, भागि कहाँ का जाई
कइसे प्राण बचइं बिन खाए खाना कहाँ ते लाई।
हमका चूसि रही महँगाई।

सुनित रहइ जिमिदार न रहिहइं तब जमीन मिलि जाई
अब उनके दादा बनि बइठे सभापती दुखदाई।
खुद सब जोतइं धरती बेंचइं महल रहे उठवाई
हम भुइंहीन सदा से, खेती हमइ न कोउ दइ पाई।
हमका चूसि रही महँगाई।

हमते कहइं कोई की भुइं पर कब्जा लेहु जमाई
फिरि थोरे दिन माँ पटवारी अधिवासी लिखि जाई।
जिनकी भुइं नीके कस छोड़िहइं कब्जा जउ करि पाई
उनके लरिका हमका कोसिहइं हम बेईमान कहाई।
हमका चूसि रही महँगाई।

हम होई बीमार डरन माँ अस्पताल ना जाई
हुँवउ लगि रही संतति निग्रह इंद्री लेइ कटाई।
सुवरी कसि छाबरि अफसर की बंसु बढ़इ अधिकाई
हमरे तीनि जनेन का देखे उनकी फटइं बेवाई।
हमका चूसि रही महँगाई।

नफाखोर मेढुका अस फूलइं हमरा सबु डकराई
थानेदार जवानी देखे पिस्टल देइं धराई।
जो जेत्ता मेहनती वहे के घर वत्ती कँगलाई
जो जेत्ता बेईमान वत्तिहे तोंदन पर चिकनाई।
हमका चूसि रही महँगाई।

पार्टीबंदी न्याय नीति अउ राजनीति ठगहाई
कोऊ नहीं सुनइ कोऊ की मउत रही डिड़ियाई।
हे ईसुर यहु सिस्टम बदलउ देउ सयान बनाई
चाटि जाउ सरकारु आजु की या चाटउ लिडराई।
हमका चूसि रही महँगाई।

द्वारिका प्रसाद यादव 'यदुचन्द'

1906 ई. में लखनऊ-अवध में जन्मे यदुचन्द बहुत कम जाने गए, यद्यपि इन्होंने लिखा मूल्यवान है। पहली बार इनके अवधी कवित्व को प्रकाश में लाने का कार्य लक्ष्मीशंकर मिश्र 'निशंक' ने 'बिरवा' नामक अवधी पत्रिका के माध्यम से किया।

अरदासि

कबहूँ कुराह मइहाँ भूलि के धरी न पाँव,
ग्यान औ बिबेक क्यार मारगु सुझाय देउ।
गिरे परे दलेन का ऊपर उठाय सकी,
दर्द दुखी जीवन का हमका बँटाय देउ।
करनी औ कथनी मा फरक परै न रंचु,
प्रेमु सद्भावना कै नदिया बहाय देउ।
देस केर भक्ति देउ, निज अनुरक्ति देउ,
'जदुचन्द' राच्छस ते मनई बनाय देउ॥

कवि

कवि काहे का, तुक्कड़ जानि लिह्यो, समझ्यो हमका झखमारन मा।
गुन दोस कै बात न जानिति है, हम साहित के गुनगारन मा।
कुछ अंट औ संट लिखै का नसा, गिने जाइत पाँच सवारन मा।
'जदुचन्द' समाज मा अइसे लगी, जस कउवा कै हंस हजारन मा॥

अपने बारे मा

जिला लखनऊ बीच एकु है सिसेंड़ी गाँव,
आदि बुनियाद तेरी हुवैं के रहैया हन।
द्वारिका प्रसाद यादव यदुचन्द पूर नाँव,
हिन्दू हिन्दी हिन्द केरि बढ़ती चहैया हन।

लरिका पढ़ाइति है मानुस लपेटी बीच,
अउँधी खोपरिन केरि सूधि करवैया हन।
चमक दमक राखी कविता मा सविता कै,
बिना तायफा के बने लल्लू के अढ़ैया हन॥

लखनउआ

दालि-भातु घर क्यार हमका रुचत नाहीं,
सड़क पर ठाढ़े-ठाढ़े चाटिति पतउआ हन।
चस्का सलीमा क्यार अंड मंड कीने रहे,
मँड़राई अइसे जइसे कटे कनकउआ हन।
स्याँठा अस देहीं पै, फैसन के टीप टाप,
रिस्टूरेंट केरि मानौ मटहा बिलउआ हन।
'जदुचन्द' दउवा करी तुमते हसउआ नहीं,
कसम गोमती कै हम पूरि लखनउआ हन॥

कांगरेसी

भीतर ते ऊँच नीच जाति पाति भेदु भरा,
बाहर ते करै वाले सब कै दरेसी हन।
कुटुम कबीला पर द्यास कइहाँ वारिति है,
जनता के ताईं पूर गोबर गनेसी हन।
बारू केरि अइसी भीति राखिति है नीति रीति,
जाने पहिचाने कानी हौदु के मवेसी हन।
'जदुचन्द' दउवा भला तुमते हँसउआ कौनु,
गंगा कै कसम हम पक्के कांगरेसी हन॥

बतकही (28 नवम्बर, 1947)

जौ जब कहिनि तुरंत गाँठ बाँधि लीन,
वहै कामु कीन जौनु मुँह ते सखरिगे।
अँवली का आँबु जो कहिनि वहौ माना साँचु,
अगहे रहेन चहै अपने पछरिगे।
बँटै लाग लड्डू जब कहूँ पर 'जदुचन्द'
लपकि के लिहिन औ हमका बिसरिगे।

कहैं सेख जुम्मन सुनौ हो बकरीदी मियाँ,
चरका बताय काहे चौधरी निकरिगे॥

कांगरेसी

प्यारे भाई प्यारे भाई कहि कहि म्वाहौ मनु,
सांति सांति स्यावा स्यावा मुँह ते उचारे जाव।
बातन के जाल मा चिरैयन का फाँसि फूँसि,
पीनक मा बइठे बइठे पखना उखारे जाव।
बापू कै दोहाई दइ कै उल्लू सीध कीन करौ,
बगुला भगत बनि मछरी उकारे जाव।
तर माल छाँटे जाव, घरु खूब पाटे जाव,
'जदुचन्द' पाधा बनि म्वाछै फटकारे जाव॥

चप्पर उजर फीता क्यार डाटौ पायन मा,
तन पर बकुला बरन करौ पहिराव।
गाँधी टोपी खोपड़ी पर याक टेंढ़ि टोढ़ि धरौ,
आँखिन मा चसमा चमाचम का चमकाव।
चाँटे गट्टा अइसे मुँह मइहाँ भरौ ठूँसि पान,
चमरा का थैला लिहे गली-गली पुपुहाव।
ऐस बाना करौ चाहै 'जदुचन्द' साँड बने,
जेहि क्यार मनु माने तेहि क्यार खेतु खाव॥

लछिमी ते

धर्मी अधर्मी बिरागी रसरंगी सब,
चेरे हैं घनेरे ग्यानी गुनी निरगुनिया।
हाकिम हुकुम च्वार साह असवार प्यादा,
बसि मा हैं तिरपुंडे कठमुल्ला धुनिया।
कहैं 'जदुचन्द' रमा तोही मा जहान रमा,
बउरा बना घूमति है जइसे गिनगिनिया।
अउँधी खोपरी के मनई कै भला बाति कौनि,
बसि मा हैं तोरे भगवानौ लछिमिनिया॥

गंगा हैं मगर पर, सकती है सिंह पर,
बानी चढ़ि हंस पर जग कै पियारी भै।
बुसनू मुरैला पर, हर अपनाये बैल,
जिन तेने दुनिया कै हरी भरी क्यारी भै।
कहैं 'जदुचन्द' सदा संगति का गुनु होति,
बाजी लै गै चतुर तुमारि बड़ि हारी भै।
उल्लू मनहूसन का बाहन बनायौ रमा,
धरती मा तुमका जोहइबो न सवारी भै॥

बच्चल ते

घर भर जानिस कि होइहौ होनहार बड़े,
नीकि नीकि लच्छन सुरू मा असि पकर्यो।
कहै 'जदुचन्द' खुलि बैरिन ते लोहा लिह्यो,
छिन मा भगाय दिह्यो बाघ अस हुँकर्यो।
मुखिया बन्यो तौ उतराय उमड़ाय चल्यो,
अपने का देख्यो खुब खायो हग्यो डकर्यो।
घर के घरव्वन का अँगुठा देखाय दिह्यो,
पूरि-पूरि बच्चल कुचाली पाजी निकर्यो॥

किसान की चिन्ता

बावन हैं बाकी प्वात, साठ हैं महाजन के,
साढ़े चार परा अबै गाड़ी क्यारु करु है।
बुधिया सयान हुइकै छाती क्यार पीपरु भै,
देखि देखि वहिका चढ़ति जूरी जरु है।
ललिया बुढ़ाय आवा, कलुवा के नसी लगी,
भरे भादौं बाट परी बन्द होइगा हरु है।
करम लिखे का मेटैया को है 'जदुचन्द',
बोयो रहै धानु तौनु होइगा सब खरु है॥

सहना सिपाही नक़दम किहे प्वात का है,
पटवारी अदहनु किहे नजराना का।
सेठ औ महाजन बियाज बरे काँड़े देंय,
मकुवा का मोलबी अड़ा है सुकराना का।

आवा है तिलंगा जरी जउरी अस अइँठा जाए,
कहति है चोरी किहे चलु सारे थाने का।
पल्ले है न कौड़ी याक घर मा बेटउना भवा,
घेरिहैं जौ जागा भाँड़ करिबै बहाना का॥

दुइ नात

नीकी औ पुरानी नातेदारी सब टूटि गईं,
छूटि गवा सगा नातु अपने ममाने का।
बिटिया औ बहिनी भई हैं घर अपने की,
रहा माया मोहु कौनु बधिया बिकाने का।
लहगहाँ नातेन कै चढ़ती कलामै आजु,
जानति जहानु हमरे है फुफुआने का।
'जदुचन्द' धरती मा रहिगे हैं दुइ नात,
एकु ससुरारि का औ एकु सढ़ुवाने का॥

असमंजसु (13 नवम्बर, 1947)

दब्बूपना हमरे ते औरु हैं अगाधै चढ़े,
जोते रहैं उतपातु नाधे रहैं झाँय-झाँय।
लूटि फूँकि मारु औ भगाइ केरि हुइगे बाघु,
जइसी द्याखौ मुँहु बाये करति हैं लाँय-लाँय।
'जदुचन्द' देखि देखि होति मन मा यहै,
फटहा उतारि खोपरी मा देई ठाँय-ठाँय।
गुंडई हेराय जाए, नंगई बिलाय जाए,
जो न करैं कतहूँ लँगोटी बाबा हाँय-हाँय॥

बापू के प्रति (4 जुलाई, 1948)

त्याग कै खरादी पै चढ़ि कै भा कांतिमान,
तपि-तपि आँचन ते दूनी छबि छायगा।
छुवा छूति भेद भाव क्यार मेटि अन्धकारु,
जगमग ज्योति दइके प्रेम सरसायगा।
सान्ति औ अहिंसा का किहिस परकास अइस,
भारत का माथु दुनिया मा चमकायगा।

'जदुचन्द' जेहि ते ई घर मा उजियार भवा,
वहै लालु, आजु हाय ! हम ते हेरायगा॥

मोछई ते (15 नवम्बर, 1951)

गुत्थी कसमीर केरि जहाँ कै तहाँ है परी,
सुरझबु समुझि लिहे हौ खेलुवारुइ का।
चारिउ कैति गुंडा हड़बोंग उतपातु नाधे,
साधे हौ मसट्ट होति बाँधे हथियारुइ का।
क्वातल तुम्हार उहपटु किहे ख्यात पातु,
बँधिहौ कि पूर करवइहौ बंटाधारुइ का।
उड़े-उड़े घूमति हौ तिनकौ सहूर नाहीं,
परे-परे दिल्ली मइहाँ इवाँकति हौ भारुइ का॥

लक्ष्मण प्रसाद मित्र

लक्ष्मण प्रसाद मित्र का जन्म 1906 ई में सीतापुर-अवध में हुआ था। अवधी की प्रगतिशील चेतना के दर्शन इनके यहाँ भी किए जा सकते हैं। इनका अवधी कविता-संग्रह है 'सतनजा'।

तुइ को आही रे?

जुम्मन की महजिद मा घुसि कै
ऐसी वैसी ताका।
मउके ते गिरिजाघरु पावा
हिम्मति कइ कै झाँका।
ठाकुरद्वारा अउर सेवाला
नीकी तना निहारा।
सबमा राम खुदा येसू का
हिरि फिरि वहै नजारा।

ओ पंडित, पादरी, मौलवी, का अस चाही रे?
हमरे मन मा भेदु भरइया, तुइ को आही रे?

आजादी (15 अगस्त, 1947)

आजाद भयो ढोढ़े भइया !

कुछ अईस मचायो हो हल्ला
टूटा अँगरेजन का तल्ला।
लदि फँदिगा उनका रमझल्ला
अब ई आजादी का पल्ला।
कसिके पकर्‌यो पोढ़े भइया
आजाद भयो ढोढ़े भइया !

बापू जी लखनउवै आये

पिछले कातिक मा जब काका,
बापू जी लखनउवै आये।
दरसन का जनता उमड़ि परी,
क्वासन तक दल-बादल छाये॥

हमहूँ बेगारि मा गये रहन,
हजरत गंजै ईंधनु लइकै।
राजा की सब दिन की बेगारि,
उइदिन यकसुत्तै गुन कै गै॥

बुढ़वा, जवान, लरिका, पुरिखा,
बापू-बापू चिल्लाइ रहा।
दरसन का भूखा सड़कन पर,
द्याखा जगु उल्झा जाइ रहा॥

द्याखा बापू, दूबर सरीर,
आँगा न तीर चदरा ओढ़े।
गाठिन के ऊपर तक धोती,
जइसे ढबख्यरवा के ढोढ़े॥

अविश्वास

कहौ केहिका बिसवासु करी।

जमींदारी जब कीन्हिनि नास,
बँधाइन बड़ी-बड़ी तब आस।
खुला जब पर्दा नाटक क्यार,
साँचु कम झूठय निकरा द्यार।
करन की कर्री पड़ी चपेट,
सिंचाई का ड्यौढ़ा भा रेट।
खाइ पत टिकसु, पिये पर टिकसु,
मरै पर टिकसु, जियै पर टिकसु।

पोत के पंद्रह, लिखे पचीस,
ठीक जब करै लेइ जब बीस।
अदालति पंचायति भै रोगु,
चलै रोजुइ झूठै अभियोगु।
मनुज बकरा अस काटे जायँ,
लुटेरे जन धन चाटे जायँ।

मौज कुर्ता चप्पल कै रही,
मिर्जई, पनही, जायँ मरी,
कहौ केहिका बिसवासु करी।

सपनु

काकनि हम एकु सपनु द्याखा

कोटिन कंकाल किसानन कै,
लाखन मजूर मरहे-झरहे।
कौनिउ बिधि तन मा प्रान राखि,
लड़ि रहे मौत ते जौ फुरहे॥

जाड़े की उदरी तेज हवा,
चिथरन ते जामा झाँपि रहे।
बेघर सब बाहर परे-परे,
द्याखा सरदी मा काँपि रहे॥

यतनिहै बखत मा राजा की
असवारी निकरी घूम किहै।
क्वइ साफा, क्वई दुपल्खी मा,
कोई ख्वपरी पर टीम दिहै॥

हमका जिउ राखे का नाहीं,
उनका घिव खाति लपनु द्याखा
काकनि हम एकु सपनु द्याखा।

कहिका द्याहौ वाट

किसानौ कहिका द्याहौ वाट।
जो तुमका कछु सुखु पहुँचाइनि, अकि पहुँचाइनि घाट।
आजु तलकु दुख-दर्द न पूँछिनि, लिहिनि नजरि मा ल्वाट।
अब तुमका फुसलावइ आये, पहिरि कमरकट क्वाट।
काँगरेस की गैस उज्यरिया, मगन बड़े औ छ्वाट।
उलरि-उलरि कै चले बुझावै, ई अँखिफ्वरवा ब्वाट।
का सरकार करै कौंसिलि मा, जन खुसामदी भाट।
कौनि लागु है परखैया की, अपन दाम जब ख्वाट।
तुमहूँ 'मित्र' बुड़क्की मारौ, तौ जमि जाए ग्वाट।

गुरुप्रसाद सिंह 'मृगेश'

मृगेश जी 1910 ई. में बाराबंकी-अवध में जन्मे थे। बरवै व्यंजना, पारिजात, चहलारी नरेश आदि इनकी ख्यातनाम अवधी कृतियाँ हैं। ये अवधी के विशिष्ट कवि माने जाते हैं। पारिजात और चहलारी नरेश जैसे प्रबंध काव्य लोकसंस्कृति के अध्येताओं के लिए भी अहम हैं।

बरवै

आवैं जाँय बटोहिया बीसन रोज।
उनहूँ ते न लगायो कबहूँ खोज॥
फिरै कपोत कपोती देस विदेस।
जो कहतिउ तो लौतीं इनहुँ सनेस॥
जानै कौन जुन्हैया मानै आर।
हिम किरनैं बरसावैं रोज अंगार॥
नित कोयलिया कसाइनि कुंजन कूक।
हूक हिया उपजावै लावै लूक॥
पिय पिय रटै पपिहरा खटकै बैन।
रैन नींद न नैनन दौस न चैन॥
विष छिरकै पुरवैया रस-रस दूम।
देखि चिढ़ावै मोरवा नाचै घूम॥

लहचारी

स्वाचौ अइसै रही जो अधाधुंध
दया के सिन्धु कोई का कही!

सब फूलन मा छोटि चमेली, ऊ कै महकनि मंद
रूप रंग कै आगर चम्पा, उहका मिली न कौनिउ गंध
दया के सिन्धु कोई का कही!

तितुली, कीट, पतिंगा, घूमइँ सुमन-सुमन स्वच्छंद
मुलु प्रेमी भौंरा सेतिन मा कलियन मइहाँ होइगे बंद
दया के सिन्धु कोई का कही!

आगे नाथ न पगहा पाछे उनका बिभव बुलन्द
जिनकै लम्बी पूँछ न उनकै कौड़ी का कौनौ परबन्ध
दया के सिन्धु कोई का कही!

को दिन रातु मुसीबत भ्वागै, को सिरजै आनन्द
बन्दी भे वसुदेव देवकी ललुवा खेलावैं नृप नन्द
दया के सिन्धु कोई का कही!

बाप पूत कै अर्थी ड्बावै ई बिधि कै फरफन्द
छीर सिन्धु मा तुम 'मृगेश' का भूलि कै स्वावौ निरदुन्द
दया के सिन्धु कोई का कही!

तुम करौ कबितई बंद

तुम करौ कबितई बंद
बुढ़ौनू जुग बदला॥ तुम.॥

पछियाव बही पुरवैया, सबिहौं का बदलि रवैया
ई प्रगतिवाद के जुग मा, को पूछै कबित-सवैया
ई दुर्मिल मत्त-गयंद
बुढ़ौनू जुग बदला॥ तुम.॥

तुलसी कबीर कै बानी, सड़ियल भै और पुरानी
केसव कवि के कवितन मा अब रहा न कौनौ पानी
रचि-रचि मरिगे हरिचन्द
बुढ़ौनू जुग बदला॥ तुम.॥

रोला-छप्पै न बनावो, कुंडलिया अब न सुनावो
मनहरण, सोरठा, दोहा मुँह बाय-बाय न गावो
को इनका करै पसन्द
बुढ़ौनू जुग बदला॥ तुम.॥

सुर-ताल बिना पहिचाने, लय गीतन के बिनु जाने
जस फूट संख मुँह बइहौ पछितइहौ खुले खजाने
सब कहिहैं मूरखचन्द
बुढ़ौनू जुग बदला॥ तुम.॥

अब उइ गीतन कै पंती, जिनसे ठनकै हृदतंत्री
जो लिखि पइहौ तौ तुमरिउ होइ सकी कबिन मा गिनती
तब आई कुछ आनन्द
बुढ़ौनू जुग बदला॥ तुम.॥

जिनमा नखतन कै छाँहीं, रबि-चन्दा कै परछाहीं
प्रेमिन के संग मा घूमैं नित मौत दिहे गलबाहीं
तुम का जानौ उइ छंद
बुढ़ौनू जुग बदला॥ तुम.॥

जौ अइसेन टेक निराली, तौ बेसहौ प्याला-प्याली
लखनऊ सहर मा रहिकै, दस-बीस सिखौ कव्वाली
समझ्यो भाई खूसटचन्द
बुढ़ौनू जुग बदला॥ तुम.॥

तुम तौ पुरान बकवादी, नायिका भेद के आदी
का भूलि गयो भारत मा है मनइन कै आजादी
कवितौ होइगै स्वच्छंद
बुढ़ौनू जुग बदला॥ तुम.॥

भूलि गयेन

हम गंगा किरिया, गिरधारी
सब गीत जबानी भूलि गयेन
जगजीवन, पाटन परवानी के
गोल पुरानी भूलि गयेन।

लरिकइयाँ के उइ हथकंडा, घिसई नाऊ बुधई पंडा
खरिहाने का ऊ बैजल्ला ऊ बगियन का गुल्ली डंडा

फागुन मा फगुवा की तानैं
बिरहा कै बानी भूलि गयेन।

ऊ भालू बँदरन कै जोड़ी, नटबेड़ियन कै होड़ाहोड़ी
रमजानी बाबा कै किंगरी वा झब्बू कै लिल्लीघोड़ी
उइ कठपुतरी वाले मिर्जा
झाँसी की रानी भूलि गयेन।

भेड़िन का बाड़ा अब न रहा, तितुरन का ज्वाड़ा अब न रहा
मतई काका की बगिया का अनमोलु अखाड़ा अब न रहा
ई लोन तेल के झंझट मा
हम सब मनमानी भूलि गयेन।

खेती बेसार बिन का बोई, कैसे कै पोत अदा होई
रमदिनवा अबकी जाड़े मा कुरता न पाई तौ रोई
बस यही फिकिर मा हम आपन
अलमस्त जवानी भूलि गयेन।

उजरि बदरवा मानी ह्वैगे

उजरि बदरवा मानी ह्वैगे
उइ अकास मा कास घ्यास मा दूनौ एक कहानी ह्वैगे
गुजरि गवा बरखा का करखा उजरि बदरवा मानी ह्वैगे।

बड़ी पियास आस ते प्राणी दिन-दिन देवी देव मनाइनि
तपी ताप मा धरती तब ई धुवाँ धूरि कै काया पाइनि
भुइयाँ चले बकइयाँ-पइयाँ सागर की कनिया मा किलके
राई लोन उतारिन चन्दा नखत बखत पर लोरी गाइनि
नव जलधर हलधर के प्यारे सुघर स्याम सुखदानी ह्वैगे॥ उजरि. ॥

लागि हवा लरिकइयाँ बीती ई सहजै पर्बत पर चढ़िगे
देखि जगत गरजी फिरि गरजे छोड़ि धरा अम्बर पर उड़िगे
आँधी उठी बवंडर आये मुल इनका भा बार न बाँका
उठी रेख अवरेख उमंगैं अड़िगे बड़े-बड़ेन से लड़िगे
मिली आगि पानी मनमानी ई सब मा अगवानी ह्वैगे॥ उजरि. ॥

ई बन मा बिरवन मा बरसे फूलन मा पातन मा बरसे
सगरन मा डगरन मा बरसे नगरन-देहातन मा बरसे
धूम मची गाँवन-गाँवन मा मनभावन सावन कै इनके
ई खाईं खन्दक मा बरसे ख्यातन मा र्‌यातन मा बरसे
हरसि उठा जग परसि मुला ई बरसि-बरसि बेपानी ह्वैगे ॥ उजरि. ॥

पानी कै न निसानी राखिन मानी मन उमहेगी तबहूँ
जानि परा कुछ भै गलानि मुल बानि पुरानि गहेगे तबहूँ
धनुहाँ बान भुलान लाख मुल गरजनि गरू गँभीरै गरजे
जीव न रहा जगत के जीवन दाता जलद कहेगे तबहूँ
दल बल घटे मिटे सब सम्बल बगुला बिना जवानी ह्वैगे ॥ उजरि. ॥

इनका जौहर जोग जवानी पानी चौहद्दिन से पूछौ
धनिकन की गद्दी से पूछौ दलितन से रद्दिन से पूछौ
तकै चकोर पपीहा डीहा देखि मुरैली बन मा नाचै
ऊ मुद मोद विनोद कछारन नारन से नद्दिन से पूछौ
ई तीनिउ पन के जीवन के अपने आप कहानी ह्वैगे ॥ उजरि. ॥

सोहर

ना रोवो निधनी के धनिया ना कनिया से मचलौ हो
ललना रसे-रसे पलना झुलैबै समय के गीत गइबै हो
धाइ अइहैं सरग जोंधइया औ भइया का खेलइहैं हो
नचिहैं संघे-संघे मोरी अँगनइया बलैया मैं ल्याहौं हो
हम रोई तौ पूत रोई करमवा मा लिखि गवा हो
सुगना तुम न नयन नीर ढारौ न लोटनी पसारउ हो
तुम उइ बपइया के भइया हौ कुँवर कन्हैया हो
जिनका सरग मा गूँजै जै-जै कार सुमन सुर बरसै हो
सुनौ सुनौ चुप रहौ छौना न भूली ऊ दिनौना हो
ललुवा छठये महिनवा गरभ मइहाँ तुमका सहेजेन हो
दुइ मास पहिले सँघाती सौंपिगे या थाती हो
अपना देसवा का म्याटै कलेसवा समरि चढ़ि गरजे हो
झूमि-झूमि समर सँवारिनि रिपुहिं रन मारिनि हो
समुहे गोली ग्वाला उमगि अँगरेजनि पछरि पछारिनि हो

कवि-सम्मेलन मइहाँ

अबकी प्रधान भइया! कवि-सम्मेलन मइहाँ,
तुमरी दया ते सुख पावा मनमाना हम।
कतन्यो कबित्तहा पुरानि पहिचाना कत्त्यो,
नये कलाकारन का समुझा तराना हम।
छाया-माया-प्रगति-प्रयोगका प्रयोगद्याखा,
गीतन-प्रगीतन का ल्याखा अनुमाना हम।
फ़ैज़ाबाद, दरियाबाद सुनित रहै 'मृगेश',
अबकी पछाड़ औ उखाड़बाद जाना हम॥

भुरेवा बीछी

यही काँटा के बूते बड़े-बड़े बाघन घाघन से करै रारि भुरेवा।
पूँछि के ऊँचि समूचि दिये दल के दल, दल-दल डारि भुरेवा।
साँचू जो पूछो रसी-रस के विष से बुझी है तलवारि भुरेवा।
मारि के डंक, निसंक ह्वै देइ फेटारन के फन फारि भुरेवा॥

केदारनाथ अग्रवाल

हिन्दी के प्रगतिशील कवियों की त्रयी में त्रिलोचन और नागार्जुन के साथ परिगणित। केदारनाथ अग्रवाल जन्म 1911 ई. में उत्तर प्रदेश के बाँदा जनपद में हुआ। यहाँ प्रस्तुत इनकी कविता आधुनिक अवधी कविता की एक उपलब्धि के रूप में देखी जानी चाहिए।

हम तौ उनका वोट न देबै

1

हम तौ उनका वोट न देबै
जे हमका बधियाइन हैं।
रोटी कपरा लत्ता खातिर
जे हमका तरसाइन हैं॥
अरजी क फरजी कै दीन्हिन
गरजी जान भगाइन हैं।
आजादी के टोपीधारी
हमका भीख मँगाइन हैं॥

2

हम तौ उनका वोट न देबै
जे हमका बधियाइन हैं।
गल्ला गाड़िन गोदामन मा
चोरबजार चलाइन हैं॥
गोहूँ, चाउर अउर चना क
पउवन मा बिकवाइन हैं।
रत्ती-रत्ती तेल किरोसिन
अमरित अस बँटवाइन हैं॥

3

हम तौ उनका वोट न देबै
जे हमका बधियाइन हैं।
राह चलत जे राहैं रोकिन
काँटै-काँट बिछाइन हैं॥
सत्यानासी नीति निबाहिन
खूनै-खून बहाइन हैं।
जनता के घर डाका डारिन
डंका नास बजाइन हैं॥

4

हम तौ उनका वोट न देबै
जे हमका बधियाइन हैं।
मुँह मा तालाबंदी कीन्हिन
हमरे बोल चुराइन हैं॥
मारे डर के छापौखाना
गूँगा कै रुकवाइन हैं।
काली करनी मूँदै खातिर
कलमन क दफनाइन हैं॥

5

हम तौ उनका वोट न देबै
जे हमका बधियाइन हैं।
खेतन मा जे बीज न बोइन
फसलैं नहीं उगाइन हैं॥
दीवन मा जे तेल न डारिन
अँधियर नहीं मिटाइन हैं।
बेलिन मा जे फूल न लाये
आसा नहीं खिलाइन हैं॥

6

हम तौ उनका वोट न देबै
जे हमका बधियाइन हैं।

आपन खीसा खास बढ़ाइन
पैसा खूब कमाइन हैं॥
टाटा बिरला कै साझे मा
लूटै-लूट मचाइन हैं।
छुट्टा स्वारथ की खेती मा
जिउ के दिया बुझाइन हैं॥

7

हम तौ उनका वोट न देबै
जे हमका बधियाइन हैं।
जे पश्चिम के बंगाले के
मुँह से कौर छिनाइन हैं॥
भूखमरी के डंडा मारिन
घर के चूल्ह बुताइन हैं।
रोटी चाउर के स्वादिन क
मछरी अस तलफाइन हैं॥

8

हम तौ उनका वोट न देबै
जे हमका बधियाइन हैं।
जे भारत क अमरीका कै
पाही देस बनाइन हैं॥
अमरीका कै बनियागीरी
हमरे ठाँव बुलाइन हैं।
डालर के हाथन मा सौंपिन
हमका बेंचि बहाइन हैं॥

9

हम तौ उनका वोट न देबै
जे हमका बधियाइन हैं।
कसमीरी जनता के घरनी
अमरीका पहुँचाइन हैं॥

केसरकै, चिन्नारबिरिछकै,
इज्जत खोय गँवाइन हैं।
झरना झील नदी परबत क
परबस आज बनाइन हैं॥

10

हम तौ उनका वोट न देबै
जे हमका बधियाइन हैं।
तीन टका मा नौकर राखिन
लरिकन क पढ़वाइन हैं।
करिया अच्छर भैंस बराबर
गोबर ग्यान बताइन हैं।
तीन-पाँच कै दीन्हिन सिच्छा
बारह बाट बनाइन हैं॥

11

हम तौ उनका वोट न देबै
जे हमका बधियाइन हैं।
फौज पुलिस मा रुपया मेलिन
खूनी बजट बनाइन हैं॥
सिच्छा के कोपीन लगाइन
लौका हाथ थमाइन हैं।
बिद्या क लावारिस कीन्हिन
मूरख मन्त्र रटाइन हैं॥

12

हम तौ उनका वोट न देबै
जे हमका बधियाइन हैं।
हमरी खलरी खैंचि खसोटिन
रोऔं बहुत सताइन हैं॥
नोन मिरिच ऊपर से बूँकिन
कद्दू अस कटवाइन हैं।

थानेदार कलक्टर ह्वइकै
बाँदर नाच नचाइन हैं॥

13

हम तौ उनका वोट न देबै
जे हमका बधियाइन हैं।
झूठ मुक़दमा मा जे हमका
झींगुर अस फँसवाइन हैं॥
पंचाइत की सरपंची मा
जीतै नरक दिखाइन हैं।
गाँव-राज के मुरदाघर मा
हमका कैद कराइन हैं॥

14

हम तौ उनका वोट न देबै
जे हमका बधियाइन हैं।
नानी के आगे नाना की
जे पगरी उतराइन हैं॥
भौजी के आगे भैया की
जे पसरी पिसवाइन हैं।
हमरे तन क लोहू लैकै
जे गगरी भरवाइन हैं॥

15

हम तौ उनका वोट न देबै
जे हमका बधियाइन हैं।
पाँच बरिस के भीतर हमका
नर-कंकाल बनाइन हैं॥
भाषत हैं 'केदार' सुनौ जी,
जालिम भीख न पाइन हैं।
जालिम के बकसन माँ कोऊ
एकौ वोट न डाइन हैं॥

चन्द्रभूषण त्रिवेदी 'रमई काका'

मान्यतानुसार, बीसवीं सदी के, अवधी साहित्य के सर्वाधिक लोकप्रिय रचनाकार। पद्य के साथ अवधी में गद्य भी लिखा। 1915 ई. में उन्नाव-अवध के रावतपुर गाँव में जन्मे रमई काका ने आकाशवाणी के माध्यम से अवधी को जन-जन तक पहुँचाने का सराहनीय उद्यम किया। आधुनिक अवधी साहित्य के जो तीन स्तम्भ बताए गए, उसमें पढ़ीस और वंशीधर शुक्ल के साथ रमई काका भी सम्मिलित हैं।

अइसी कविता ते कौनु लाभ?

हिरदय की कोमल पँखुरिन मा,
जो भँवरा असि ना गूँजि सकै
उसरील वाँठ हरियर न करै,
डभकत नयना ना पोंछि सकै
जेहिका सुनतै-खन बंधन की,
बेड़ी झन-झन ना झनझनाय
उन पाँवन मा पौरुखु न भरै,
जी अपने पथ पर डगमगाय
अँधियारु न दूरवै सबिता बनि,
अइसी कविता ते कौनु लाभु?

परबसता

सब बुद्धि बिबेकु नसावै
परबसता धीरे-धीरे।

उघरउरे बन का पंछी, बेबस पिंजरा मा परिगा।
सुखु आजादी का सारा, बंधन मा बँधिकै हरिगा॥
वह महर-महर फूलन कै, भै दुरलभ सुखद बयरिया।

भे सपन सुरीले गाना, अब सँझबाती की बेरिया॥
दुबहरी म्याड़ के सुन्दर, निरमली बास के मोती।
अँसुवा बनि अँखियन डभकैं, ना कोऊ संगी गोती॥
फल कहाँ डार के टाटक, पिंजरा मा भला मवस्सर।
नयनन ते दूरि दुरे हैं, अब क्वाँप लजीले ललछर॥
भै चंड भूख कै पीरा, पिंजरा मा च्वाँचै मारै।
पंजन ते पेटु कर्वाचैं, जल खातिर जीभि निकारै॥
होइकै बिल्वान मालिक कै, अब करै लाग बहु चेरिया।
मीठे बैनन ते माँगै, लखि नयनन परसी थरिया॥
सीखेसि दाता कै बोली, गा भूलि अपनि सब भासा।
बसि चाहै जौनु करावै, यह भूख बुझै कै आसा॥
मुलु पर अधीन होइकै को, निज रुचि का भोजन पावै।
खोरिया मा कच्चा आटा, लखि हरबर च्वाँच चलावै॥
भूखा कब भला निहारै, भोजन रूखा की सूखा।
अड़िलायँ अघाने छकिकै, भूखे की निधि है रूखा॥

अब कच्चौ आटा रुचिगा,
बन्धन मा धीरे-धीरे।
सब बुद्धि बिबेक...

यू सिंह रहै जंगल का, बहु अँगदर बलगर राजा।
संजोगु रहै सरकस के, अब पिंजरा बीच बिराजा॥
ना सहन होतु बन्धनु है, पिंजरा मा फ्यारा डारै।
निज मन मसोसि कै परबस, जिय उभरा रोसु सँभारै॥
कइ घोर गर्जना तड़पै, झनकैं लोहे की सरिया।
मेघन मा बँधी-बँधी जस, है तड़पति गगन बुजुरिया॥
गै टूटि भूखि ते देहीं, तब बघपनु भूला सारा।
अब कसरत कइ-कइ नाचै, मालिक का देखि इसारा॥
हा! हा! जंगल का राजा, जो राजि अकंटक कीन्हेसि।
अब आजु भूखु के कारन, लुरखुरी चिरउरी चीन्हेसि॥
अनगिनत परानी समझेनि, जेहिका आपन बड़ स्वामी।
सो सिंहु घरे अब सीखेसि, मालिक कै नरम सलामी॥
जेहिके पौरुख ते काँपे, बहु बड़े-बड़े बलसाली।
सो सिंहौ सीस झुकायसि, बन्धन मा पाय कंगाली॥

कड़कनि सासन कै लखिकै, अब गरजनि भूली सिगरी।
सिर पर धरि लात खड़े भे, सरकस के बोकरा-बोकरी॥

उनहुन कै लात सहायसि,
परबसता धीरे-धीरे।
सब बुद्धि बिबेकु...

दानी किसान

धन्नि धन्नि किसान दानी,
लखि उदार तुम्हार हिरदय,
पिघलि कै धावत हिमालय,
बहि नदिन मा गुनगुनत है,
सूख ख्यातन देत पानी।
धन्नि धन्नि किसान दानी।
रीखि कै तुम्हरी दया पर,
सुरुज नावत सोन झर-झर,
बनत बलगर खेत जर-जर,
मिलति सकती सब हेरानी।
धन्नि धन्नि किसान दानी।
देखि त्यागु तुम्हार खेतिहर,
सकल ख्यातन घेरि बादर,
करत निज जीवनु निछावर,
मोर कोहकत मीठि बानी।
धन्नि धन्नि किसान दानी।
तपनि, भुलभुलि, सीत-सिहरनि,
चंड—लूक, बयारि—हउकनि,
सहेउ उघरउरे बदन तब,
अन्न की रासी देखानी।
धन्नि धन्नि किसान दानी।
लइ गये परजा पवन कुछु,
प्वात मा होइगा गवन कुछु,
सेस गा बेउहर बखारिन,
तुम रहेउ भूखे परानी।
धन्नि धन्नि किसान दानी।

जगु जियत तुम्हरे निहोरे,
पगु परत तुम्हरे निहोरे,
नस्ट रचना होति बिधि कै—
　　जो न होतेउ अन्नदानी।
　　धन्नि धन्नि किसान दानी।

धरती हमारि, धरती हमारि

धरती हमारि, धरती हमारि !
है धरती परती गउवन कै औ ख्यातन कै धरती हमारि
धरती हमारि, धरती हमारि !

हम अपनी छाती के बल से धरती मा फारु चलाइत है
माटी के नान्हें कन-कन मा, हमहीं सोना उपजाइत है
अपने लोनखरे पसीना ते, र्याती मा ख्यात बनावा हम
मुरदा माटी जिंदा होइगै, जहँ लोखर अपन छुवावा हम
कँकरील उसर बीजर परती, धरती भुड़गरि नींबरि जरजरि
बसि हमरे पौरुख के बल ते, होइगै हरियरि दनगरि बलगरि
हम तरक सहित स्याया सिरजा, सो धरती है हमका पियारि
धरती हमारि, धरती हमारि !

हमरे तरवन कै खाल घिसी, अउ रकतु पसीना एकु कीन
धरती मइया की सेवा मा, हम तपसिन का अस भेसु कीन
है सहित ताप बड़ बूँद घात, परचंड लूक कट-कट सरदी
रोंवन-रोंवन मा रमति रोजु, चन्दनु असि धरती कै गरदी
ई धरती का जोते-जोते, केतने बैलन के खुर घिसिगे
निखवखि, फरुहा, फारा, खुरपी, ई माटी मा हैं घुलि मिलिगे
अपने चरनन कै धूरि जहाँ, बाबा दादा धरिगे सँभारि
धरती हमारि, धरती हमारि !

हम हन धरती के बरदानी, जहँ मूँठी भरि छाँड़ित बेसार
भरि जात कोंछ मा धरती के, अनगिनत परानिन के अहार
ई हमरी मूठी के दाना, ढ्यालन की छाती फारि-फारि
हैं कचकचाय के निकरि परत, लहि पौरुख बल फुरती हमारि

हमरे अनडिगे पैसरम के, हैं साच्छी सूरज और अकास
परचंड अगिनि जी बरसायनि, हम पर दुपहरि मा जेठ मास
ई हैं रनख्यात जिंदगी के, जिन मा जीतेन हम हारि-हारि
धरती हमारि, धरती हमारि !

तब मिली कविता हेरानी

किरन आई हँसि निहारेसि, हाथु फेरि पियारु वारेसि
वास ते मुँह धोय कै फिरि, कलिन की अँखिया उघारेसि
धोय महतारी ललन कै, दूध कै मुइहाँ सँवारेसि
ऐंछि बार सनेह भोरे, नयन-खंजन कजरु आँजेसि
निज नयन कै पूतरी असि, माथ अनखनु सुघर घारेसि
लहकि मुँह चूमेसि हबसि कै, प्रेम गद्‌गद मौन बानी
तब मिली कविता हेरानी।

आइगे जब सुरज सिर पर, चलि परी तब धूप सर-सर
ताट पखुरिन भौंर लुकिगे, उड़ि पखेरू गै बिरिछ पर
छाँह मा सहिंताय धावा, ख्यात-घाम घमान खेतिहर
नान्ह गउझर कोपलन की, छेलि छरहरि नींबि के तर
बिलम्बि कै सुखवत पसीना, झलरि-चौंर बयारि झर-झर
आय पलकन नींद झूली, तन तपति थाकनि भुलानी
तब मिली कविता हेरानी।

साँझ दीप अकास बारेसि, छाँह दै जग तपनि टारेसि
बारि माता दीप घर मा, आरती तुलसन उतारेसि
ललन माथे आँच थापेसि, चुटुक दइ-दइ नजर टारेसि
गाय धौंरी दौरि पहुँची, बँबकि बछरा का निहारेसि
निरखि लँबकी लहकि चाटेसि, अपन चोखु पियारु वारेसि
बहि चला हिय जीभ ते चट, सरग सुख पावत अघानी
तब मिली कविता हेरानी।

पहिरि तारन जड़ी सारी, चन्द्र ढिग गै राति प्यारी
सुघर निरछलु प्रेम-रस असु, छिटिकि छहरी भुइँ उजारी
लखि उठी बरहिनि हिये मा, हउक हहरनि की चिंगारी

सेज सूनि अकेलि तलफति, जल बिना मछरी बिचारी
नींद आई अवधि आसा, सपन आये पति सुखारी
चरन सिरु धरि हउसि भेंटी, गिरन नयनन प्रेम पानी
तब मिली कविता हेरानी।

बड़प्पन

तुम बड़े भयो तौ ताड़ भयो?
तुम धरती मा जड़ु गाड़े हौ, सो आसमान हौ छुये लेत
जेतनै तब बाढ़ा है तुम्हार, वतनै धरती पर भार भयो
तुम बड़े भयो तौ ताड़ भयो?
है फल तुम्हार तो बहुत दूरि, ना कोउ भूखा जन पाइ सकै
तुम ताप परायी करिहौ का? जब छाहीं बिना उघार भयो
तुम बड़े भयो तौ ताड़ भयो?
अपने मद मा हौ मतवारे, हैं नसेबाज साथी तुम्हार
तुम बिन चुनाव, बिन वाट परे, सब बिरछन के सरदार भयो
तुम बड़े भयो तौ ताड़ भयो?
हैं छोट बिरछ झाड़ी झंखड़ उनका ना आपन कान दिह्यो
धरती के होइके पूत अरे, तुम आसमान के यार भयो
तुम बड़े भयो तौ ताड़ भयो?
तुमते तौ नीक कुकुरमुत्ता जो भुइं मा छतुरी छाये है
तुम ऊँचे होइके धरती पर नाहक खम्भा अस ठाढ़ भयो
तुम बड़े भयो तौ ताड़ भयो?
कबहूँ पतझर कबहूँ बसन्त बिरछन पर दुखु सुखु आवा है
तुम पर सुखु लहि कै फूल्यो ना, ना पर दुखु मा पतझार भयो
तुम बड़े भयो तौ ताड़ भयो?
माना तुम उन्नति कीन्हेउ है, मुल यहि बढ़ती ते कौनु लाभ
तुम बूँदी बरखा घाम लूक मा, ना कोहू का आड़ भयो
तुम बड़े भयो तौ ताड़ भयो?

ध्वाखा होइगा

हम गयन याक दिन लखनउवै, कक्कू संजोगु अइस परिगा
पहिलेहे पहिल हम सहरु दीख, सो कहूँ-कहूँ ध्वाखा होइगा

जब गयेन नुमाइस द्याखै हम, जहँ कक्कू भारी रहै भीर
दुइ तोला चारि रुपइया कै, हम बेसहा सोने कै जंजीर
लखि भईं घरैतिन गलगल बहु, मुल चारि दिनन मा रंग बदला
उन कहा कि पीतरि लै आयौ, हम कहा बड़ा ध्वाखा होइगा

म्वाछन का कीन्हें सफाचट्ट, मुँह पौडर औ सिर केस बड़े
तहमत पहिरे कम्बल ओढ़े, बाबू जी याकै रहैं खड़े
हम कहा मेम साहेब सलाम, उई बोले चुप बे डैमफूल
'मैं मेम नहीं हूँ साहेब हूँ', हम कहा फिरिउ ध्वाखा होइगा

हम गयन अमीनाबादै जब, कुछ कपड़ा लेय बजाजा मा
माटी कै सुघर महरिया असि, जहं खड़ी रहै दरवाजा मा
समझा दुकान कै यह मलकिन सो भाव ताव पूछै लागेन
याकै बोले यह मूरति है, हम कहा बड़ा ध्वाखा होइगा

धँसि गयन दुकानैं दीख जहाँ, मेहरेऊ याकै रहै खड़ी
मुँहु पौडर पोते उजर-उजर, औ पहिरे सारी सुघर बड़ी
हम जाना मूरति माटी कै, सो सारी पर जब हाथ धरा
उइ झझकि भकुरि खउख्वाय उठी, हम कहा फिरिव ध्वाखा होइगा

काका की कहावतै

ई हैं पूरे घटिया मीत
समुहे होइकै करैं बड़ाई।
पाछे बैठि करैं कुटिलाई॥
सुख मा दिहे रहैं गलबाहीं।
साथ रहैं बनि कै परछाहीं॥
बिपति परे पर काटि पैंतड़ा।
भागैं जस जंगली चौगड़ा॥
बइठैं बिसरि पाछिली प्रीत।
जानि लिह्यो है घटिया मीत॥

ई तीनिउ हैं बगुला भगत
तिलकु लगाये तउलै घाटि।
चोर बजारी खद्दरु डाटि॥

तिरियन चितवै माला जपत।
ई तीनिउ हैं बगुला भगत॥

देहें सपूते लोटिया बोरि
जाए सिनेमा द्याखैं नित्त।
इन्तिहान मा होइगे चित्त॥
चोर लफंगा जिनके मित्त।
चिलम चर्स मा फूकैं बित्त॥
सबते ब्वालैं नाक सिकोरि।
देहें सपूते लोटिया बोरि॥

ई आहीं पक्के लखनउवा
कहैं चीज के दूने दाम।
बात-बात मा करैं सलाम॥
चीकट तकिया चटक लिहाफ।
घर मा गन्दे बाहर साफ॥
बड़ा तकल्लुफ कइकै खायँ।
याक कौर का सत्तर दायँ॥
नाजुक देहीं सिर पर पल्ला।
आँखिन सुरमा अँगुरिन छल्ला॥
ख्यालैं नित बैठकुवा खेल।
आप आप मा छूटै रेल॥
तितुर लड़ावैं कबौ बटेर।
कबौं कबुतरन के हैं फेर॥
तिथि त्यौहार उड़ै कनकउवा।
जानिलिहेव पक्का लखनउवा॥

त्रिलोचन शास्त्री

प्रगतिशील हिन्दी कवियों की विख्यात त्रयी में नागार्जुन और केदारनाथ अग्रवाल के साथ त्रिलोचन शास्त्री का भी उल्लेख किया जाता है। मूल नाम है—वासुदेव सिंह। इनका जन्म 1917 ई. में सुल्तानपुर-अवध में हुआ था। इन्होंने अवधी में, बरवै छंद में, 'अमोला' नामक कृति रची। भाव-विचार ही नहीं, भाषा की दृष्टि से भी यह आधुनिक अवधी कविता की अनूठी कृति है।

सॉनेट—तुलसीदास

कहेन किहेन जेस तुलसी तेस केसे अब होये।
कविता केतना जने किहेन हैं आगेउ करिहैं;
अपनी अपनी बिधि से ई भवसागर तरिहैं,
हमहूँ तौ अब तक एनहीं ओनहीं कै ढोये;
नाइ सोक सरका तब फरके होइ के रोये।
जे अपनइ बूड़त आ ओसे भला उबरिहैं
कैसे बूड़इवाले। सँग-सँग जरिहैं मरिहैं
जे, ओनहीं जौं हाथ लगावइँ तउ सब होये।
तुलसी अपुनाँ उबरेन औ आन कँ उबारेन।
जने-जने कइ नारी अपने हाथेन टोयेन;
सबकइ एक दवाई राम नाम मँ राखेन;
काम क्रोध पन कइ तमाम खटराग नेवारेन;
जवन जहाँ कालिमा रही ओकाँ खुब धोयेन।
कुलि आगे उतिरान जहाँ तेतना ओइ भाखेन।

बरवै

अनकुसाय जे सुने आन मुँह बोल।
केसस जानि पाए जिनगी कइ मोल॥
जे जिआइ के जिअइ उहय जिअतार।

अलगाने तउ जिनगी भाथी-सार॥
मन अन्तहिं तन अन्तहिं जहाँ देखाइ।
बनइ क होइ त बिगरत तहाँ देखाइ॥
हानि तोहइँ का बाढ़े डाकू घोर।
जे घर भरे अहइँ ते करइँ हहोर॥
काउ करइ मनई होइ गए असक्क।
बेकहा हाथ गोड़ भए अक्किलि झक्क॥
ऊँच नीच मनई मा ताकइ लाग।
ओकर जाग अभाग सोइ गऽभाग॥
मन मानइ तवनइ ठानइ जउँ काम।
मनसा पुरवइँ तेकरे दाहिन राम॥
बिधिबिधान से आइ बनइ जउँ बाति।
तेकर बिगरिउ देखे नाइँ देखाति॥
केथा बदे ई तर्क अवर ई रारि।
बान्हे बनिआ लागत नाइँ बजारि॥
लेब देब दूसर केउ देखइ नाइँ।
मन कइ आ बयपार इहइ सब ठाइँ॥

टिक्कुल बाबा

ओहि दिन
टिक्कुल बाबा
चउकी पइ बैठा रहेन
हमहूँ ढुरकत ढुरकत
एक ओरि बैठि गए।

बाबा अकेलइ रहेन
करिया तिलकू बिकरमा
अवर लड़िके
कितउ भित्तर बखरी मँऽ
कितउ कओनेउ कामे से
अन्तहि कतहूँ गऽ होइहंइ।

बाबा उदास हम्मइँ जानि परेन
ऐसे हम जाइ परे

दरिआए
बोले नाइँ।

उमरिउ हमारि सात आठइ
के बीचे तब रही होए
एतनी बुधि रही
कब बोलइ कब चुप रहइ।

बाबा बड़ी बेरि ले
चुपान रहेन
का जनी काउ गुनत रहेन
एक ठी लम्बी साँसि लिहेन
बोलेन—'बासुदेव
जा चिलम चढ़ाइ ल्यावा।'

हम तमाखू गिट्टी चिलम म भरे
भित्तर गए
कंडा कइ निद्धू आगि राखी
खुलिहारि के बोरसी से लिहे
अवर राखी झारि झारि के
आगि चिलम म भरे
हेठे से फूँक मारि मारि के
बची राखी बहिराए
आए तउ बाबा के हाथे
हुक्की रही पहिलेह से
चिलम हमरे हाथे से
लेइ लिहेन।

नियाली नरिअरी म लगाइ के
पुड़ पुड़ सुरकइ लागेन
धुआँ एहर ओहर उड़इ लाग
हम फरकहँते बइठि गए।

बाबा एक बाक कहेन—
'बासुदेव, काल्हि कटघरा ग रह्यऽ'

हाँ बाबा
हमिआने हम
बाबा पुड़ पुड़ कइके
फेरि कहेन—'रनधीर के
दुआरेउ का ग रह्यऽ'
ग रहे, हम बोले।

बाबा तमाखू पिअत पिअत
मुँह उठाइ के हम्मइँ लखत
पूछेन—'ओकरे लोटा से
पानी उहाँ पिए रह्यऽ'
पिए रहे, हम कहे।

बाबा फेरि हुक्की पुड़पुड़ाइ के
सोधाएन—'अवर के के रहा'
करिया तिलकू धरमू ताली
बिकरमा सब साथ साथ रहेन
हमरे सब जोर जोर से पिआसा रहे
दुआरे इनारा गगरा लोटा उबहनि देखे
फेरि सब जन पिअत गए।

बाबा से हुक्की बतिआवइ लागि
ओकर ओसरी कइके
फेरि हमरी ओरि भए पूछेन—
'सब पिएसि उहाँ'
हम कहे—एक ताली नाइँ पिएन
अवर सब पिएसि इ
बाबा कइ हुक्की गुड़गुड़ानि
थोरिक फेरि कहेन –
'तलिआ बिचारी आ
अवर कुल बुड़न्त किहेन'
हम समझे नाइँ कुछ
टुकुर टुकुर लखत रहे बाबा कँऽ।

अब ई याद परा
मंछा तर आए सब पक्का किहे रहेन
ई पानी पीअइ कइ बाति
कतहुँ केहू से न कहि जाइ
अब तउ बाति खुलि गई
हम जाने, ई हमरइ कसूर आ
सोचे संगहती सब
दोस न हमकाँ देइहीं।

बाबा फेरि हुक्की पुड़पुड़ाएन
कहेन—'जरि गइ'
उठि के हुक्कौ कँ ठढ़िआइ दिहेन भीति से
चिलमि उलटि के धरेन
अब बैठे पइ बोलेन—
'तिलकू हमसे कहत रहेन
हम करिया बिकरमा अवर ताली
पानी नाइँ पिए।'
हम कहे—एक ताली
नाय पिएन अवर सब पिएन
अब हम हलुकाइ गए
हमसे जहिरानि नाइँ बाति
तिलकू पहिलेह से
रचे रहेन
ओतना ऊ आड़ बान्ह
एतना ई पूछपेख
हम नाहीं समझे
ई कुलि काहें।

पूछि परे, बाबा,
गगरा लोटा माँजि के
हमरे सब पानी पिए
पनिअउ निरमल रहा
फेरि दोस कवन परा
बाबा बोलेन—

तूँ अबहिं समझब्यऽ न
केतनउ माँजा घँसा
लोटवा गगरवा धोवइ कऽ रहा, रहे।

हम पूछे—ऐसे का
बर्तन केहू क होइ
पानी पिए दोस कवन।

बाबा बोलेन—'बाति
लरिक बुद्धि म न आए ई
रनधिरवा कइ छाँह सब बचावथइ
लख्यऽहइ दुआरे केहू के ओकाँ
बइठा ठाढ़'
ऐसे का भ बाबा।

बाबा कोपि के बोलेन—
'ऊ बाम्हनि राखे आ
कइअउ बिटिआ अब ले बेंचि चुका
बेटवन कँ परजाति की
बिटिहनिन से बिअहसेइ।'

बाबा कइ कोप लखे
हमहूँ चुपचाप उठे
अवर आनी ओर गए।

पाँचू

क हो पाँचू
कब ले तूँ पेटहा भऽ
एनके ओनके खटव्यऽ
रुक्ख सुक्ख जेस जुरे
भखि लेव्यऽ परि रहिव्यऽ

मनतोरा कहऽ थीं
तोहरे दादव अइसे

कइ धइ दुनियाँ छोड़ेन
पुरुबुजि से अइसइ
चलि आवऽता

तूँ हूँ कहऽथ्यऽ
कि हम नवाई नाँई कर्थई
सम्मइ गाउँ पेटहा भऽ चलऽत आ
सब अपनय पएँड़ा तउ हेरऽथइ

भयवा अब ओस सोचे
आपन नुकसान बा
एस करा कि लड़िके सुतारे रहइँ
अवर जउँ बिचार करइँ
तउ कहइँ कि अगिले हमरे सबकाँ
खाले से ऊँचे पहुँचाइ दिहेन।

माता प्रसाद 'मितई'

अवधी में सशक्त दलित चेतना को अभिव्यक्त करने वाले रचनाकार माता प्रसाद 'मितई'1925 ई. में जौनपुर-अवध में जन्मे। मुख्य रूप से खड़ी बोली-हिन्दी में लेखन कार्य किया। राजनीति में भी सक्रिय रहे और अरुणाचल प्रदेश के राज्यपाल भी रहे। अपनी अवधी को इन्होंने पूर्वी-अवधी कहा है। बीसवीं सदी के चौथे और पाँचवें दशक में लिखे गए इनके अवधी गीत दलित चेतना के रेखांकन में ऐतिहासिक महत्त्व के कहे जाएँगे।

कहरवा

अब तक तू सोया, तोहैं बहुतै जगाये, कब तोर अँखिया खुलिहैं हो,
पिछवाँ रोइबा धइ कपरवा, कब तोर अँखियाँ खुलिहैं हो॥ टेक॥

कहि अछूत औ हरिजन तोहका बाटेन जे अलगाए
भारत माँ का यह कलंक देखा कब तक मिटि जाए
कुछ अपनेव मा करा सुधरवा॥ टेक॥

चमार, पासी, धोबी, मेहतर, मुसहर अरु धरिकार
खान पान कै भेद छोड़ सब होइ जाएउ हुसियार
जउने रहै न कोइ कहवरवा॥ टेक॥

लड़िका लड़की नहीं पढ़ावौ खर्च का करौ बहाना
सरम नहीं तोंहका फिर अइसन न मिली जमाना
बनबा हरवहवा चरवहवा॥ टेक॥

ब्याह होइ जेतनै छोटे पर ओतनै करौ बड़ाई
चाहे लेइके फूँका करजा ब्याज भरत मरि जाई
पिछवाँ होइ जाई जहरवा॥ टेक॥

सराब, गाँजा, चोरी-चोरी औ बीड़ी मनमानी
पिया खुदै लरिकौ का सिखाया मरम न एकर जानी
लागइ लोग गरीबी गरवा॥ टेक॥

उद्यम बुरा न जग मा कोई मेहनत कइके खाव
तन अपना सब बस्त्र धोइके बस्ती साफ बनाव
साफ होय अगवरवा पिछवरवा॥ टेक॥

सरकारै के मदद भरोसे रहेउ नहीं तू भाई
अपने भुज के आसा छोड़िके जइबा गच्चा खाई
'मितई' होइ जा हुसियरवा॥ टेक॥

सोहर

सुभइ घरी सुभ बेला जनम भयो ललनइ हो
बाजै घरवा मा आनन्द बधइया खुसी कैसे बरनइ हो

तुम दिन-दिन बढ़ेहु दुलरुवा, औ देसवा बढ़ायहु हो
यहि देस हित दुखवा उठायहु, न दुधवा लजायहु हो

तुम बन्यो भइया बीर जवाहर औ नेता सुबासइ हो
तुम बन्यो ललना गाँधी से धीर निडर किदवइयइ हो

तुम बन्यो अम्बेडकर महान, बिधान बनायहु हो
पढ़ि देसवा बिदेसवा मा जाइके नमवाँ बढ़ायहु हो

तुम बन्यो जगजीवन राम दुसमनइ हरायहु हो
सब कमवा सफल करि बचवा सबहि के देखायहु हो

यहि देसवा मा बहु एक लोगवा जे नित दुख पावहिं हो
करैं दिन भर खूब मेहनतिया न सुख रोटी खावहिं हो

यहि देसवा मा बहु एक लोगवा अछुतवा कहावहिं हो
छुवा जेन कर न करहिं भोजनवाँ, संगहिं से अलगावहिं हो

यही भेदवा का भुतवा तू पुतवा सबहिं से हटायहु हो
यहि देसवा कै यह अनिरितिया तू ललनहिं मिटायहु हो

यहि देसवा मा बहु एक लोगवा स्वरथवा मा आँधर हो
करि तिकड़म भरैं निज पेटवा, न जाँगर लगावहिं हो

भये बहुतै चरित के पतनवा, तू देसवा उबारेहु हो
सब लोगवन के सबकी भलइयै, तू भइयै बतायहु हो

सबइ प्रेम से गरवा लगायहु, न केहु का सतायहु हो
निज हित कारन दुसरेक् कमवा, न 'मितई' बिगारेहु हो

कहरवा

माना मोर कहनवा तजि के सबहि बहनवाँ
मूरखपनवाँ छोड़ा ना, ऐसेहि रहि जाबा नदनवाँ॥ टेक॥

पाँच सात पर ब्याह करा चौदह पर गवन लियावा
गुन सहूर सिखै के समय पै कामुक ओन्हैं बनावा
काटा अपनै तू गरदनवा॥ टेक॥

दुइ तीन साल बीत गये पै लरिका भये न कोई
मुँहीमुँहा घरवा मा होये काहे पूत न होई
ओझा कहैं कि बा करनवाँ॥ टेक॥

जेकरे जेतनइ लरिका होवैं ओतनै करौ बड़ाई
हैं धन प्रानी, देखि ओन्हैं सन्तोस करावा भाई
देनी माना भगवनवाँ॥ टेक॥

पाँच सात लरिकन के खाइ पहिरइ के जुटै न भाई
मरा कमात दरिद्र रहा नित लरिकौ नहीं पढ़ाई
पेट भरि पावा न भोजनवाँ॥ टेक॥

जेहि लरिका के दिहा दुक्ख ऊ कइसे देइ अराम
बड़े भये अलगाने, बुढ़ापे मा रोटिउ के नहीं ठेकान
रोवा दुनिया के समनवाँ॥ टेक॥

लड़िका एतना पैदा करा जेतना कै सका निभाई
खाइ पहिरै के दा अराम खूब सका पढ़ाइ लिखाई
पूरा होइहैं अरमनवाँ॥ टेक॥

पाँच सात से दुइ इक अच्छा ओन्हैं जो खूब पढ़ाई
देस जाति के संग मा तोहरा नाम फैलि जग जाई
सुखी होइहैं खानदनवाँ॥ टेक॥

बना बिबेकी कम लरिका पैदा कै करा बिचार
'मितई' अब कुछ ही दिनवाँ मा रोक करी सरकार
यहिमा सबही कै कल्यनवाँ॥ टेक॥

बिदेसिया

(पंचायत से अपढ़ पत्नी की शिकायत)

सुनहु सब लोगवा हमारि हो गोहरिया॥ टेक॥

गवना हमार लाये, इन्हैं इसकूल भाये
पनरह की हमरी तब रहली उमिरिया॥ टेक॥

घरवा दुवार कइली, गोरू घर बुहार कइली
गोबरा उठाई लइके पथली उपरिया॥ टेक॥

गोरुवन के कोयर बाली नँदिया मा पानी डाली
कुँअना से नित भरि लाई गगरिया॥ टेक॥

खदिया ढोवाई कइली, पुरवट हकाई कइली
उखिया गोड़ली हम जेठ दुपहरिया॥ टेक॥

चइती कटाई कइली, बोझवा ढोवाई कइली
बरधन सँग हम दँवली दँवरिया॥ टेक॥

जड़हन रोपाई कइली दौरी छोपाई कइली
उठि भिनसरवै धनवा कुटली ओखरिया॥ टेक॥

जाँत पीसे रतिया मा दुख लिहे छतिया मा
कबहूँ न सुखवा से सोउली सेजरिया॥ टेक॥

सात साल अइसे गइले, पढ़ि हुसियार भइले
करइ लागे जब सरकारी ई नोकरिया॥ टेक॥

अब कहैं भागौ दूर, तोहरे न बा सहूर
लाज लागै तोहरे संग चलत बजरिया॥ टेक॥

हमका अब मारत बाटे घर से निकारत बाटे
कहैं, पढ़ी-लिखी लाउब दूसर मेहरिया॥ टेक॥

हियाँ से न जाबै आन, जइहैं भले परान
लसियहिं हमरी निहरिहैं दुअरिया॥ टेक॥

बोले पंच समझाय गुनदा यही सिखाय
'मितई' त तोहँके दिखवले डगरिया॥ टेक॥

नाव मुसहरवा है

नाव मुसहरवा है, कउनउ सहरवा ना,
कैसे बीते जिनगी हमार॥ टेक॥

जेठ दुपहरिया में सोढ़िया चिराई करी,
बहै पसिनवा के धार।
बहँगी मा बाँधि लेई चललीं लकड़िया,
आधे दाम माँगै दुतकार ॥ टेक॥

मेघा औ मगर गोह, साँप मूस खाई हम,
करी गिलहरिया सिकार।
कुकुरा के साथ धाई, जुठवा पतरिया पै,
पेटवा है पपिया मड़ार ॥ टेक॥

रहइ के जगह नाहीं, जोतइ के जमीन कहाँ,
कहैं देबै गाँव से निसार।

घरवा के नमवा पै एकही मड़ैया में,
ससुई पतोहू परिवार ॥ टेक॥

तनवा पै हमरे तो, फटहा बसनवा बा,
ओढ़ना के नाहीं दरकार।
जड़वा कइ राति मोरि, किकुरी लगाइ बीतै,
कउड़ा है जीवन अधार ॥ टेक॥

अब ढकुलहिया में पतवा मिलत नाहीं,
कैसे बनई पतरी तोहार।
दुलहा दुलहिनी कै डोली लै धावत रहे,
उहौ रोजी छीनी मोटरकार ॥ टेक॥

मारै थानेदरवा बलाइ घरवा से हमैं,
झूठइ बनावै गुनहगार।
जेलवा में मलवा उठावै मजबूर करै,
केउ नाहीं सुनत गोहार ॥ टेक॥

देसवा आजाद अहै, हमही गुलमवा से,
हमरे लिए न सरकार।
एस कौनउ जुगुति बतावा भइया 'मितई',
हमरउ करावा उरधार ॥ टेक॥

विश्वनाथ सिंह 'विकल गोंडवी'

विश्वनाथ सिंह 'विकल गोंडवी' का जन्म 1924 ई. में, गोंडा-अवध में हुआ था। तुलसी और रत्नावली प्रसंग पर इनका मन खूब रमा। 'रतना-तुलसी' अवधी काव्य प्रकाशित। इनकी अवधी का प्रवाह खासा मोहक है।

सरस्वती वंदना

धै सर पै कर देहु अभय वर
भीर औ भार उतारहु माई।
मोरे हिये अनुरक्ति औ भक्ति
असीमित सक्ति जगावहु माई।
बीन बजाइ भरौ सद्भाव
अभाव कुभाव मिटावहु माई।
चाहैं सराहैं सभै जेहिका
अस सुन्दर छंद रचावहु माई॥

बिरवा

जरियाय, जोराय, मोटाय, बढ़ै
भुइँ से नभ ले पसरै बिरवा।
सबके सिर सीतल छाँह करै,
सबकै सब ताप हरै बिरवा।
अपकार न भूलि केहू कै करै,
सबकै उपकार करै बिरवा।
पतझारहु मा न झुराय सकै,
हर मास मा फूलै, फरै बिरवा॥

गंगा मइया

ब्रह्म कमंडल से निकरीं, लट संकर केर सँवारिनि गंगा।
मानि भगीरथ कै मनुहारि, भगीरथ कै कुल तारिनि गंगा।
केकर केइसन कै करनी, तनिहूँ मन मा न बिचारिनि गंगा।
जे केहू घाट पै आइ गवा, तेहिका वहि पार उतारिनि गंगा॥

सीस पै संकर के रहतीं, नहवउतीं, धोवउतीं, जटा सुलझउतीं।
संग घुमक्कड़ फक्कड़ के नचतीं-गउतीं नित मौज उड़उतीं।
संकर का जुड़वउतीं जरूर, मुला जिउ पारबती कै जरउतीं।
पारबती जौ न मारि भगउतीं तौ गंगा कबौं धरती पै न अउतीं॥

छोट बड़ा सबका भरि अंक सनेह से कंठ लगावहिं गंगा।
एकहिं भाँति लखैं सबका मन मा कछु भेद न लावहिं गंगा।
चंगुल से जमदूतन के निज पूतन का छोड़वावहिं गंगा।
तारै बदे निज भक्तन का सरगे तक सीढ़ी लगावहिं गंगा॥

भगत भगीरथ कै करुण पुकारि सुन
सुरपुर तजि कै उतरि आईं धरनी।
तिहुँ ताप मेटत समेटत सकल साप
लागीं अघ हरन सकल अघ हरनी।
मंगल करन दुख़ दारिद हरन लागीं
तारैं लागीं सबका निहारे बिनु करनी।
दानी बरदानी ममता छमा दया कै खानि
गंगा कै बिमल जस कौनी बिधि बरनी॥

हिन्दू, सिक्ख, क्रिस्तान, पारसी, मुसलमान,
सबहीं का लखति समान गंगा मइया हैं।
अति प्रियदर्सी महान समदर्सी हैं
ममता, दया, छमा कै खानि गंगा मइया हैं।
परम उदार दानी बरदानी संभु सम
बाँटति अभय बरदान गंगा मइया हैं।
भव भय हरनी हैं, जननी जगत केरि
भारत कै आन बान सान गंगा मइया हैं॥

धरती कै धिया

आगि परीछन बीच खरी सम कंचन के उतरी महरानी।
साखी भये देवता सगरे जुलमी दुनिया तबहूँ नहिं मानी।
रामहुँ का लखि बाम ससंकित चिन्तित होइ अतिसै अकुलानी।
फाटि गवा धरती है हिया धरती है धिया धरती मा समानी॥

तुलसी-स्तवन

बसि गाँवन बीच अभावन के सहजै नहिं भाव जगाइब है।
फँसि फंदन मा दुख-द्वंद्वन के सहजै नहिं छंद उगाइब है।
विष पै विष घूँटि सदा अपना सहजै न सुधा कै लुटाइब है।
गुन गाइब राउर हे तुलसी दिनमान का दीप देखाइब है॥

जनमै से अभागा बतावा गये घर से बहिरे दुरियावा गये।
बहिरेहूँ कहूँ न पनाह मिली हर गाँव गली से भगावा गये।
अगिनी मा कसौटी के बारंबार जरावा बुझावा तपावा गये।
घिसि कै पिसि कै जब चन्दन भे तुलसी तब माथे लगावा गये॥

धरती गिरे मूल मा सूल बने जनमै से बेचारे कलंकित भे।
अपराध बिना अपराधी भये बिन दोस सबै बिधि दंडित भे।
नर रूप हरी गुन ग्यानी मिले गुन ग्यान मिला कवि पंडित भे।
प्रभु कै पद बंदन कै तुलसी अभिनन्दित भे, जगवंदित भे॥

लरिकाईं मा मातु पिता बिछुरे सपनेहु न प्यार दुलार मिला।
तरुनाई महँ बिछुरी पतिनी कटु ब्यंगन कै उपहार मिला।
दुत्कार मिली चहुँ ओर मुला तनिहूँ न कहूँ सत्कार मिला।
हरिनाम कै लै पतवार चले तुरतै तुलसी का कगार मिला॥

जननी कै न नेह नसीब भवा न तौ बाप कै स्नेहिल बाँह मिली।
अपनै घर-बार परावा भवा मँगती घर जाइ पनाह मिली।
भटके बनि जाचक गाँव गली सिरहू न छिपावै कै छाँह मिली।
तुलसी जब पूर अनाथ भये रघुनाथ दयालू कै बाँह मिली॥

रतना-रतनावलि

सगरौ घर हेरि कै हारि गये, रतना न मिली तौ उदास भये।
अति आकुल, व्याकुल, हाल, बेहाल ह्वै, जाचक ह्वै पिय पास गये।

रतना हठ ठानिनि एक न मानिनि, रूठि गईं तौ निरास भये।
जेतनै रतनावलि दूर भईं वतनै तुलसी प्रभु पास भये॥

काटि-कूटि फँसरी सकल मोह ममता कै
तुलसी कै गटई छोड़ाय गईं रतना।
बिसय औ बासना कै बिस मन से निकारि
भगति कै भावना जगाय गईं रतना।
जगत असार बीच एक राम नाम सार
गुप-चुप सब समझाय गईं रतना।
तुलसी कै जिनगी सँवारै खरतीं 'विकल'
सब कुछ दाँव पर लगाय गईं रतना॥

रतनावलि ऐसन के पतिनी पल मा पति के पथ से हटिहै।
जिव जान पै खेलि अभावन मा सगरौ जिनगी जरि के कटिहै।
अपने हठ पै अपने प्रण पै अस आन औ बान से के डटिहै।
रतना अस के बिस घूँटि भला सगरौ जग बीच सुधा बँटिहै॥

रतना के बिना तुलसी के हिये अतिसय अनुरक्ति जगावत के।
अतिसय अनुरक्ति बढ़ी लखि के यहि मेर विरक्ति जगावत के।
यहि मेर भला पिय के हिय माँहि असीमित सक्ति जगावत के।
अघ ताप औ साप नसावन राम कै पावन भक्ति जगावत के॥

रतनावलि जागति होतीं न जौ तुलसी का भला झकझोरत के।
हठकै, रिसियाय, कोहाय भला, अस मानिनि ह्वै मुँह मोरत के।
रघुनाथ कै नेह बनै खरतीं निज नेह कै बंधन तोरत के।
भव सिन्धु तरै खरतीं पिय का अस भक्ति के सिन्धु मा बोरत के॥

रत राखतीं जौ निज मा रतना, सिरी राम मा होते कबौ रत ना।
पकरावतीं जौ रतना पथ ना, तुलसी कबहूँ पउते पथ ना।
कुछ होते न संत सिरोमनि होते, न होते महान कबी यतना।
मन चूर न होत, न मानस कै, तुलसी कबहूँ करते रचना॥

रतनावलि से दुइ आखर मा तुलसी गुरुमंतर पाय गये।
घरनी घर बार सबै तजि कै, सिरी राम के द्वार पै धाय गये।

मथि कै मन मानस माखन दै, सबके हिय बीच समाय गये।
अपुना तरिगे सबके खरतीं सरगे तक सीढ़ी लगाय गये॥

बिदुसी बिचारवान ग्यान बुद्धि केर खान
के भवा समान रतना के दूरदरसी।
सूझ के सुझाई गूढ़ बाति के बुझाई अस
और के पती कै मन यह मेर परसी।
जानबूझ पति का बिपत्ति मा ढकेलि अस
खुद बिन पति के उमिर भर झरसी।
पर उपकार मा उदार रतना समान
और के सकल सुख वारि-वारि हरसी॥

रतना जो खुदै सोउतै रहतीं, तुलसी कहैं खोदि जगावत के।
ममता मा खुदै जो फँसी रहतीं, ममता तुलसी कै मिटावत के।
तम मा जौ घिरी रहतीं अपुनै, तम से तुलसी का छोड़ावत के।
भरमी भटकी रहतीं जौ खुदै तुलसी का सुपंथ देखावत के॥

रतना अउतीं न धरा पर जौ, तुलसी का भला अपनावत के।
तरसे झरसे पिय के हिय पै, अस स्नेह सुधा बरसावत के।
ममता मा फँसे भटके पिय का, करतब्य कै पंथ देखावत के।
अस भक्ति बिरक्ति कै प्रेरना दै, निज कंत का संत बनावत के॥

श्यामसुंदर मिश्र 'मधुप'

सीतापुर-अवध में, 1926 ई. में जन्मे श्यामसुंदर मिश्र 'मधुप' ने अपना सम्पूर्ण जीवन अवधी की सेवा में समर्पित किया। इन्होंने आलोचनात्मक लेखन के साथ ही रचनात्मक लेखन भी किया। इनका लिखा 'अवधी साहित्य का इतिहास' वृहदाकार लिए हुए अपनी तरह का प्रथम प्रयास है।

बरवै

नदिया लावइ पानी, पी खुद जाइ।
ख्यात परे सब सूखइँ, तरु कुम्हिलाइ॥
बादर गरजहिं तरपहिं, बरसइँ नाहिं।
पपिहा मरइ पियासा, ताल सुखाहिं॥
किहेउ बिधाता कस यहु, तोरु-मरोरु।
भैंसि वहे की जेहिकी, लाठिम जोरु॥
उगिलइ आगि चँदरमा, सुर्ज अँध्यार।
मछरी बैठि बिरउना, पिक मझधार॥
कागा पूजन देखिक, पिकी उदास।
चहुँ दिसि दधि के रूप म, बिकै कपास॥

*

सून पड़े दफ्तरवा, हाकिम लेट
बात न करें अधीच्क्षक, बिन कुछ भेंट।
सर बापू तस्बिरिया पंजन केरि
देउ पाँच ते कम तौ देबइँ फेरि।
सोची हाय सुरजिया का परिनाम
बिकें गरिबवा घर-घर, कस दिन दाम।
मारे मौज बड़कवा, लूटइँ देस
मरे भूख ते बुढ़वा, सूत पर केस।
लूटिन कस परदेसिया भारत देस
लूटइँ आज स्वदेसिया जो कुछ सेस।

गीत

हम द्याखति रहब तुम्हारि राह।

पाटेन झीलइ, काटेन पहाड़,
पहुँचेन सिवितन के आर-पार।
मुलु अब तक तुमका न पायन,
तनि करतिउ हमरउ घर उज्यार।
बसि जिय मा बाकी याक चाह।
हम द्याखति रहब तुम्हारि राह॥

हमरी गति ते भूचालु भवा,
धरती होइ गइ सब धुआँधार।
नखतन-नखतन मा ढूँढ़ि थकेन,
न पायेन तुम्हरा नाउ-चार।
खोजेन सबियाँ सागर अथाह।
हम द्याखति रहब तुम्हारि राह॥

मेवा-मिसरी सब लाइ धरेन,
स्वाचा मिलिहउ करिबा निसार।
मुलु सुना भाव के भूखे तुम,
होइगे बाधक मन के विकार।
अब खुदइ मिलउ तउ मिटइ दाह।
हम द्याखति रहब तुम्हारि राह॥

कुछ कहइँ फूल की महकनि मा,
तुम मिलउ सकारे कबहुँ साँझ।
कुछ कहइँ मेघ बनि तुम घूमउ,
बरसउ दीनन के खेत माँझ॥
सूखे खेतन मा कीन बाह।
हम द्याखति रहब तुम्हारि राह॥

समउ

केत्ता रूपवान
केत्ता भयानक

लासिन के ढ्यार पर ठाढ़
ब्याह की तैयारी मा।
रकतु पेइ रोजु
बल अकूत
सुबह म्वाट
मुला साँझ का दूबर,
सूवर का स्वान बनावति
स्वान का सूबर
हिम-सागर पियति
आगि मूतति
सुर्ज निगलति
अँधेरु उगिलति
हड्डिन के महल पर
चउकि पूरि
पृथवी ते ब्याहु रचिति।
भोरु होति
कमंडल मा स्वान भरि
गेरुआ अँचरा मा
    लिपटि जाति।

नीक लोकतंत्रु भा

"का भा, का भा"
"भा का, भा का"
"कुछ तउ"
"बहुतइ अचरजु भा"
"वहु का, वहुका"
"केसरि की क्यारिन मा"
"हाँ-हाँ केसरि की क्यारिनि मा का भा"
"लासइ उगीं, लासइ उगीं"
"वेई वेई
औरु का भा"
"डल का जलु खारा भा"
"यू कस, यू कस"

"वहि मा आँसू गिरइँ
हिमगिरि के
झर-झर-झर"
"गजबु भा
औरु कुछु"
"दहसति केरि हवा बहइ
केसरि का रंगु उड़िगा"
"नीक लोकतंत्रु भा"*

---

* नब्बे के दशक के आरम्भिक वर्षों में लिखी गई कविता।

आदित्य वर्मा

अवधी और खड़ी बोली-हिन्दी दोनों में कविकर्म करने वाले आदित्य वर्मा 1928 ई. में गोंडा-अवध में पैदा हुए थे। इनकी कविताएँ 'धर्मयुग', 'विशाल भारत', 'हिन्दुस्तान' जैसी श्रेष्ठ पत्रिकाओं में प्रकाशित हुई थीं। गीत और छंद—दोनों में इन्होंने सुन्दर अवधी रचनाएँ की हैं।

भइया दूज

भइया ! बन का न जायौ बन कँटवा गड़ी।

बड़े भोरहरे सविता जागै, अम्मा जागैं आधी रात,
तानन से देही सूखै तब, सींचै अँसुवन कै बरसात।
देवी देवता निहारत,
खाली अँचरा पसारत,
कटिगै उमर बड़ी॥ भइया !...

बड़ी आस पै सूनि दुवारी, जब भरिगै किलकारी से,
गूँजा आँगन अउर बरोठा, ठनकत लोटिया थारी से।
छिन-छिन गोदिया सम्हारत,
मोहन मुखड़ा निहारत,
भारी बिपति टरी॥ भइया !...

दूध-बतासा अस माटी, जब सबकै जिउ जुड़वावै लाग,
चीकन बिरवा कै चीकन पाता अस रंग खिलावै लाग।
राई-नोनवाँ उवारत,
सालन कटिगै निहारत,
तोहरी डिठिया गड़ी॥ भइया !...

जौ जौ बढ़ै बयसिया, गज गज छाती गरगज ह्वै सबकेर,
सत्तर-सोता दूध उलीचै आसिस, उठि-उठि साँझ सबेर।
रूठी निंदिया मनावत,
सपनेम झुलवा झुलावत,
थकि गै सोनपरी। भइया !...

अँगुरी पकरि-पकरि अच्छर कै, लटपट चल्यौ ग्यान कै लीक,
जबै गिर्‌यौ आड़े आई मइया की लाख-लाख की सीख।
भोला-सुगना पढ़ावत,
जिनगी सोनवा बनावत,
सोनेक देहिया ढरी। भइया !...

रेखन मढ़ी जवानी आई, गद्दर अनुभव लिहिस हिलोर,
दूरी बौनी बनी, बिना फल-फूलै बिरवा भरिस झकोर।
दिन मा चन्दा उगावै,
रतिया सुरुज बुलावै,
भुइयाँ लागै सकरी॥ भइया !...

मइयाक कोरवा छाँड़्यो, धायो धनियक कोरवा घरौ-दुवार,
जोगवा रतन, जतन ते सौंपिन, भौजीक दीन्हिन राज-पसार।
तोहरी सुरति मनावत,
उज्जर भबिस बुलावत,
सोनेक देहियाँ ढरी॥ भइया !...

लाख बरस कै छड़ी, लाख घड़ियन ह्वै भइया आइब-द्वार,
लाख बुढ़ौती आइ निखारै, भइया बचपन एक तोहार।
लाखन दुखिया उबारौ,
लाखन सुखिया सम्हारौ,
धरती तारौ सगरी॥ भइया !...

शीत लहर

ओढ़ि कै लिहाफ कोहरा कै भिनसार चला,
पाला मा नहाइ पाती-पाती सिहरै लगी।

काँप-काँप घाम, नापि-नापि के पग धरै,
पीछे-पीछे फीकी अँधियारी बिहरै लगी,
डरी-डरी दुपहरी ओढ़ि कै रजाई आई,
रात कै उदासी सरे साँझ बिचरै लगी।
बैर, प्रीति, भाव औ अभावन कै राजनीति,
धीरे-धीरे कौरा के किनारे बटुरै लगी॥

कब ऊवै दिन कब अथवै न जानि परै,
परे-परे रात-दिन काटब पहार भा।
जूड़ लागै कथरी, रजाई लागै गील-गील,
पैरा कै बिछौना घर केर उसियार भा।
काटि लेय पानी, बयार डाँटि-डाँटि लेय,
साँझ भै दुपहरी, फीक-फीक भिनसार भा।
बिना तापे हाथ गोड़ आपन न जानि परै,
दिल्ली अस दूर, अगवार-पिछवार भा॥

कोहरा से डरा-डरा, भोर भिनुसार काँपै,
सगरौ जँवार काँपै, सुरुज-किरिनियाँ।
खेत-खरिहान अनुमान कै किसान काँपै,
राह सुनसान काँपै, काँपै दीन-दुनियाँ।
पतिया सिरात काँपै, दिन काँपै, रात काँपै,
बच्चन कै दाँत काँपै, दादी कै कहनियाँ।
तन काँपै, मन काँपै, धरती-गगन काँपै,
कान्हा कै सपन काँपै, राधा कै ओढ़नियाँ॥

दिना लरिकन अस, हाली हाली भागि जाए,
चलि नहिं पावै राति, ऐसन बुढ़ानि बा।
बिना चीनी चाय अस फीकी जिंदगानी मानौ,
माटी केर तेल बिना ढेबरी बुतान बा।
जाड़ा महँगाई अस, रोज तगड़ात जात,
सुख, राखी मिली सीमेंट के समान बा।
मैल-मैल घाम देखि, जानि परै सूरज कै,
जानै कहूँ डीजल कै कारड हेरान बा॥

शिव तांडव

हूँ-हूँ हुँकरि-हुँकरि उठैं सदासिव,
दसौ दिसा सती देह, फर्र-फर्र फहरै।
धम-धम धरती धमकि धम-धम बोलै,
डोल-डोल भुइँडोल, डोल-डोल कहरै।
बम-बम बमकि-बमकि उठै ज्वालामुखी,
हर-हर हहरि-हहरि सिन्धु लहरै।
बाँह कै झपेट खाय, तारे छितराय जाँय,
चकित-चकात व्योम, चौंकि-चौंकि घहरै॥

टूटि गिरै चाँद औ सितारा फूटि-फूटि गिरै,
डग-डग डोलिकै पहाड़ खंड-खंड भा।
लोटि कै, लपेटि कै, समेटि उड़ै सन्न-सन्न,
सगरौ दिसा मा बेग वायु कै प्रचंड भा।
चट-चट चिटिकि-चिटिकि उड़ै चिनगारी,
कइव सूर्य के समान भाल कै त्रिपुंड भा।
दह-दह दहकि-दहकि करै छार-छार,
काल विकराल महाकाल मार्तंड भा॥

नीलम-सी निखिल निकाई नील अंबर कै
धवल से धूसर भई औ पियराय गै।
मेदिनी कै मोहक, मनोहर मृदुल माटी,
सूखि-सूखि, चिटिकि-चिटिकि चिहराय गै।
सर-सरितान कै सरोवर कै सीतवारि
छिति पै, छितिज पै छिटकि छितराय गै।
नभ मा, तलातल मा, रस मा, रसातल मा,
एकै धुनि गूँजी, प्रलय घरी नियराय गै॥

बेकल उत्साही

पद्मश्री और यश भारती सम्मान प्राप्त बेकल उत्साही का मूल नाम शफ़ी खाँ लोदी है। इनका जन्म 1928 ई. में बलरामपुर-अवध में हुआ था। 'सरसों के जूड़े में टेसू का फूल' इनकी अवधी कविताओं का संग्रह है।

गौंवा हमार

नाचै ठुमुक ठुमुक पुरवाई
खेतवन बाँह लियत अँगराई
        देवी देउता सोवैं फूल की सेजरिया,
        निराला मोरा गाँव सजनी।

बन उपवन हरियाली हुमसै
माटी सुघर बहुरिया।
बँसवाटी लौचा झकझोरै
यौवन मस्त बयरिया।
पेड़न पंछी चाँदी टोरै
नदिया बीच मछरिया
        बरसै झूम झूम के सोने कै बदरिया,
        निराला मोरा गाँव सजनी।

सरसों की झुमकी झप लटकै
अरहर कै पैजनिया।
करनफूल गोहूँ कै दमकै
मटरा कै करधनिया।

झूमर चूमै जौ कै माथा
नाचै हुनि अँगनाई
मोती बरसै खरिहान की बखरिया,
निराला मोरा गाँव सजनी।

बगिया मा अमवा की छहियाँ
जुगनू की सँझवाती।
चाँदनिया चन्दा की बहियाँ
जोति सुधा बरसाती।
झींगुर मिल अलगोजा टियरैं
बजै रैन सहनाई
थिरकै राधा संग स्याम सँवरिया
निराला मोरा गाँव सजनी।

हम देहाती मनई

हमका रस्ता न बताओ
हम देहाती मनई।

हमरी नस नस मा अवधी है हम अवधी का जानेन
अवधी हमका आपन मानिस हम अवधी का मानेन
औरौ भासा न पढ़ाओ
हम देहाती मनई।

पुरखै हमरे कुतुबन मंझन मलिक मोहम्मद बाबा
हमरे मुल्ला दाउद आजा यनहीं कासी काबा
हमका आदर से गोहराओ
हम देहाती मनई।

हमरी दूनौ सुघर बिटीवै उर्दू-हिन्दी जानेव
साहित औ संसकिति यनहीं ते देस की बानी मानेव
हमका हिरदय से लगाओ
हम देहाती मनई।

रामचरितमानस रचि डाइन हमरे तुलसी भैया
यक अनमिट इतिहास रचाइन हमरी सरजू मैया
जिहकै पानी सुख सुभाओ
हम देहाती मनई।

फजलुररहमा मौलाना उइ गंज मुरादाबादी
हमहिन से कुरआन कै इक-इक आयत कै अनुवादी
रब की रहमत पढ़िके पाओ
हम देहाती मनई।

हमहिन से सब संसद-वंसद नगर-वगर कै सोभा
हम न होतेन कुछ न होतय दुनियक् लोभी-लोभा
बेकल, भइया का बताओ
हम देहाती मनई।

गुलरी कै फूल

गोहुँवा की बलिया पाकी
अमवा बउरि गये
खेतवा मा नाचै अरहरिया,
हो सँवरिया मोरे होइ गये गुलरी कै फूल।

गमकै अँगनवा मोरा
झमकै गहनवा मोरा
झाँकेहै जवनिया का उजेरिया,
हो सँवरिया मोरे होइ गये गुलरी कै फूल।

फुलवा का रोवै गजरा
अँसुवा मा सोवै कजरा
मदिरा मा भीगी है चुनरिया,
हो सँवरिया मोरे होइ गये गुलरी कै फूल।

पपिहा पुकारै पीवा
थरि-थरि लरजै जीवा
खरिकै करेजवा मा बयरिया,
हो सँवरिया मोरे होइ गये गुलरी कै फूल।

मुसकी सपनवा होय गय
दुखड़ा कँगनवा होय गय
नथिया लगावत है नजरिया,
हो सँवरिया मोरे होइ गये गुलरी कै फूल।

चँदवा चोरावै बिंदिया
रतिया न आवै निंदिया
अगिनी मा दहके है सेजरिया,
हो सँवरिया मोरे होइ गये गुलरी कै फूल।

बम्बइया न जायौ

खारा पानी बिसैली बयरिया
बलम बम्बइया न जायौ...

रोज हुआँ सुना चक्कू चलत हैं
बड़ि मनइन कै दादा पलत हैं
टोना मारति है फिल्मी गुजरिया,
बलम बम्बइया न जायौ...

लागि रहत फुटपथिया मेला
गलियन मा बिन भाव झमेला
मारै बिल्डिंग गगन का नजरिया,
बलम बम्बइया न जायौ...

दूनौ जने हियाँ करिबै मजूरी
घरबारी से रहियये न दूरी

हियैं पक्की बनइबै बखरिया,
बलम बम्बइया न जायौ...

निरधन है पर मन के धनी है
हमरे गाँव मा कौन कमी है
स्वर्ग लागत है हमरी नगरिया,
बलम बम्बइया न जायौ...

जुमई खाँ 'आजाद'

जुमई खाँ 'आजाद' का जन्म 1930 ई. में प्रतापगढ़-अवध में हुआ था। आधुनिक अवधी कविता में प्रगतिशील चेतना के सशक्त हस्ताक्षर। कई कविता-संग्रह प्रकाशित जिनमें अवधी कविताओं के संग्रह 'पहरुआ' की विशेष चर्चा रही। वर्ग-संघर्ष की ध्वनि इनकी कविताओं में स्पष्ट रूप से सुनी जा सकती है।

प्रकृति-वन्दन

तोहका सौ-सौ नमन् तोहका सौ-सौ नमन।

ई धरा ई गगन ई कली ई सुमन
कौने साँचा मा ढारिउ सँवारिउ चमन
तोहका सौ-सौ नमन, तोहका सौ-सौ नमन।

जेहिकै बगिया औ बन सींचै गंगो-जमन
सत्य उतरै जहाँ भोर होतइ सपन
तोहका सौ-सौ नमन, तोहका सौ-सौ नमन।

सोन—चाँदी—रतन जौनी माटी कै कन
अन्न उगिलइ धरा, खायँ दुनिया के जन
तोहका सौ-सौ नमन, तोहका सौ-सौ नमन।

दूध—मिसरी—मखन खाय पिंजरा सुगन
स्वर्ग पूछइ बतावा ई देसवा कवन
तोहका सौ-सौ नमन, तोहका सौ-सौ नमन।

तोहरा सुन्दर सृजन देखिके मन मगन
सारी दुनिया से न्यारा ई हमरा वतन
तोहका सौ-सौ नमन, तोहका सौ-सौ नमन।

गोस्वामी जी को नमन

अवधी महँ राम कथा लिखिके
तुलसी संसार मा छाइ गये।
दुइ पंक्ति के दोहा मा भाव भरे
चौपाई मा सार छिपाइ गये॥
जब धर्म की नाव मा पोल भवा
तुलसी तब मोम लगाइ गये।
खुद खाड़ी पहाड़ी भले अटके
मुल अवधी का चोटी चढ़ाइ गये॥

नेकी

अन्दर बिना सफाई जियरत बेकार बा
आवइ न केउ के कामे इमारत बेकार बा।
मजहब की किताबन का चस्मा उतार देखा
नेकी के बिना यार इबादत बेकार बा॥

कवन बाजा

कवन बाजा बजत बाटै
कवन सुरताल रगिया मा।
लगावा दाग जिन यारौं
अरे पुरखन की पगिया मा।
सुना आवाज आवति बा
सहीदन की मजारन से।
बड़ी मुसकिल से आवा बा
ई मौसम आजु बगिया मा॥

दुखिया मजूर

दुखिया मजूर की मेहनत पर,
कब तलक मलाई उड़ति रहे।
इनकी खोपड़ी पै महलन मा,
कब तक सहनाई बजति रहे॥
धरती माता कै यइ सपूत

सोने कै बाली उपजावइँ।
यइ तोहरिन महल अटरियन मा
खिड़किन कै सीसा चमकावइँ॥
एनहीं के बल पर आसमान मा
उड़न खटोला उड़त अहै।
इनके पौरुख कै बलिहारी
नलकूप भुईं मा चलत अहै॥
तोहरी अँगनइया चहल-पहल
इनके बल बूते बनी अहै।
ऊ लालि चुनरिया बहुअरि कै
इनके खुनवा से सनी अहै॥
ई तड़क-भड़क, बैभव-बिलास,
एनहीं कै गाढ़ि कमाई आ।
ई महल जौन देखत बाट्या,
एनहीं कै नींव जमाई आ॥
ई दूबरि मूरति मनई कै
केस तोहरी ओरिया लखति अहै।
तोहरे तौ दया अहै नाहीं
मुल हमरी छतिया फटति अहै।
ई कब तक तोहरी मोटर पर,
कुकुरे कै पिलवा सफर करी।
औ कब तक ई दुखिया मजूर,
आधी रोटी पर गुजर करी॥
दीनन की रोटी बेटी पर
कब तालुक अँखिया लगी रहे।
ई जोर जुलुम सोसन वाली
कब तलक भावना जगी रहे॥
तोहरी खिदमत मा कब तालुक
ई दीन बेचारा खटत रही।
अपने पेटवा की रोटी से
तोहरी गोदाम का भरत रही॥
कब तक यइ जहरे कै घुटवा
अँखियाँ मा मूँदि पियत रहिहैं।
तू खाब्या माल पुवा रबड़ी

ऐ कब तक भूख सहत रहिहैं॥
समता कै भूख कबौ एनके
तन मन मा जागी जानि लिह्या।
यइ आगि लगइहैं कोठियन मा
पूँजीपतियों, पहिचानि लिह्या॥
यइ दीन दुखी झोपड़ी वाले
जब करवट कबौ बदलि देइहैं।
तोहरी कोठिया कै कुलि इँटिया
मुठिया मा पकड़ि मसकि देइहैं॥
अब जुलुम जियादा जिन ढावा
नाहीं यइ सम्हरि खड़ा होइहैं।
दुनिया भर के पूँजीपतियन से
कइऔ गुना बड़ा होइहैं॥
जब कबौ बगावत कै ज्वाला,
इनके भीतर से भभकि उठी।
तूफान उठी तब झोपड़िन से,
महलन कै इँटिया खसकि उठी॥
'आजाद' कहैं तब बुझि न सकी,
चिनगारिउ अंगारा होइहैं।
तब जरिहैं महल-किला-कोठी,
कुटियन मा उजियारा होइहैं॥

धोबी गीत

बड़ी बड़ी कोठिया सजाया पूँजीपतिया
दुखिया कै रोटिया चोराय-चोराय।
अपनी महलिया मा केह्या उजियरवा
तू झोपड़ी मा अगिया लगाय-लगाय॥

कतहुँ बनी भिटवा कतहुँ बनी गड़ही
कतहुँ बनी महला कतहुँ बनी मड़ही
मटिया कै दियना तुहीं तौ बुझवाया
सोनवाँ के बेनवा डोलाय-डोलाय। बड़ी बड़ी...

मिलिया मा खून जरै खेत मा पसिनवा
तबहूँ तौ नाहीं मिलै पेटवा भै दनवा
अपनी गोदमिया मा खूब भरवाया
तू बड़ा-बड़ा बोरवा सियाय-सियाय। बड़ी बड़ी...

जे तौ करै कमवा छोट कहवावै
उहै बड़ मनई जे जतन बतावै
दस कै ससनवा नब्बे पै करवाया
तू इहै परिपटिया चलाय-चलाय। बड़ी बड़ी...

हथवा मा तसबी गटइया मा माला
खोइ के इमनवा बटोर्‌या धन काला
देसवा का गहिरे लूटि केनी खाया
तू कइयौ गुना दमवा बढ़ाय-बढ़ाय। बड़ी बड़ी...

जूड़ भई छतिया तनी के दयिउ बरसा
अब तौ महलियन मा खुलिहैं मदरसा
दुखिया कै लरिका पढ़इ बदे जइहैं
छोटी बड़ी टोलिया बनाय-बनाय। बड़ी बड़ी...

बिना काटे भिटवा गड़हिया न पटिहैं
अपनी खुसी से धन धरती न बटिहैं
जनता कै तलवा तिजोरिया मा लगिहैं
महलिया मा बजना बजाय-बजाय। बड़ी बड़ी...

कथरी

कथरी तोहार गुन ऊ जानै जे करै गुजारा कथरी मा
लोटइँ लरिका सयान सारा परिवार बेचारा कथरी मा

एतनी अनमोल अहा कथरी न मोल बिकानू हटिया मा
मुल तोहका देखा घरे-घरे सब जने बिछाये खटिया मा
तोहरी गोदिया मा लोटि-पोटि हम खेलि कूद बलवान भये
हमरे पुरखै तोहरे बल पर गाँधी, गौतम भगवान भये

तुलसी कबीर जायसी सूर सब रहे दबाये कखरी मा
कथरी तोहार गुन ऊ जानै जे करै गुजारा कथरी मा

जेस फुलवइ कुरबानी कयिके आपन देहियाँ नथवाइ देयँ
दुसरी की गटई की खातिर आपन गटई लटकाइ देयँ
वइसे तू हमरे बरे फुरइ सुइया डोरवा से प्यार किहू
मन मरा नहीं तन छेदि उठा खुब दीनन कै उपकार किहू
बस यही से महिमा बढ़ति अहै कथरी तोहार यहि नगरी मा
कथरी तोहार गुन ऊ जानै जे करै गुजारा कथरी मा

तू बिपति कै साथी अहा पूर आराम तुहीं पहुँचावा थू
भूखे नंगे लरिकन का अपने गोदिया तुहीं सोवावा थू
साहस तोहरे अन्दर एतना बदमास चोर केउ पूछै ना
लुटि जाइ खजाना माल भले मुल तोहका केहुवै लूटै ना
राना के सथवा गजब रहिउ तू जंगल वाली कोठरी मा
कथरी तोहार गुन ऊ जानै जे करै गुजारा कथरी मा

भिलनी की कुटिया कै सोभा बन बीचे कबौ बढ़ाइव तू
अपनी गोदिया भगवान राम का जूठे बैर खिलाइव तू
दिन रात सुदामा के सथवा मड़ई मा किहिउ तपस्या तू
सथवा मा गयिउ द्वारिकापुर सारी हल किहिउ समस्या तू
भगवान किसन का परसायिउ तू साग बिदुर घर पतरी मा
कथरी तोहार गुन ऊ जानै जे करै गुजारा कथरी मा

मक्के से गयिउ मदीना तू उपदेस सुनइ पैगम्बर कै
दुनिया मा एक अहै ईस्वर जरि खोदिउ तू आडम्बर कै
ईसा मूसा दर दर भटके मुल सथवा-सथवा लगी रहिउ
उनकर उपदेस सुनावइ का तू अगवा-अगवा भगी रहिउ
अम्बिया औलिया अपनायेन मन रमा रहा खुब गुदरी मा
कथरी तोहार गुन ऊ जानै जे करै गुजारा कथरी मा

तू लाल बहादुर की सेवा कइके दिल्ली पहुँचाइ दिहिउ
गुदरिउ मा लाल छिपे केतने तू दुनिया का दिखलाइ दिहिउ
अब्दुल हमीद का सबक तुहीं कुर्बानी वाला देहे रहिउ

का तोहरे सुधि नाहीं बाटै जब अपनी गोदिया लेहे रहिउ
ओनकर माई जब दरति रहीं दलिया घर वाली चकरी मा
कथरी तोहार गुन ऊ जानै जे करै गुजारा कथरी मा

एतना गुन तोहरे भरा अहै तब काहे ना दुनिया पूछै
काहे न घर कै बहुअरियइ दिन राति तुहैं झारैं पोछैं
पुरखातन से हमरेव घर मा खुब किरपा तोहरी बनी अहै
सँझवा की तोहरे बरे रोज खुब छीना-झपटी ठनी अहै
कुछ दिनै रहे से दुलहिनियै लइके भागैं अँधकोपरी मा
कथरी तोहार गुन ऊ जानै जे करै गुजारा कथरी मा

समता समाज की सेवा मा आपन जीवन तू दान दिहिउ
बैठाइव बगल गरीबन का तिनकउ न तू अपमान किहिउ
दुखिया मजूर की नइया कै बस असिल खेवइया तुहीं अहिउ
'आजाद' कहैं भवसागर से वहि पार लगइया तुहीं अहिउ
जब छोड़ि चला संसार दीन तब साथ बँधिउ तू ठटरी मा
कथरी तोहार गुन ऊ जानै जे करै गुजारा कथरी मा

विश्वनाथ पाठक

अपने 'सर्वमंगला' नामक महाकाव्य के लिए बहुचर्चित आचार्य विश्वनाथ पाठक 1931 ई. में फैजाबाद-अवध में जन्मे। संस्कृत, प्राकृत आदि भाषाओं के भी अधिकार-प्राप्त विद्वान। इन्हें सर्वमंगला पर साहित्य अकादमी का भाषा सम्मान भी दिया जा चुका है। अवधी में इनकी दूसरी कृति है—घर कै कथा।

सुराज की स्थापना (पंचदश सर्ग-सर्वमंगला)

आवै राति भये फिर से दिन, संझा भये सबेरा।
कबहुँ निवास जुरै महलन मा, कबहुँ पेड़-तर डेरा॥
कबहुँ कथरिया मिलै पुरुष का, कबहुँ फूल कै सेइया।
कबहुँ दृगन मा काजल सोहै, कबहुँ निछानि अँसुइया॥
मिला सुरथ का फुनि सिंहासन, फुनि भै कनक-अटारी।
भंछि-भंछि कै भँवरा पाइसि, आपनि फुनि फुलवारी॥
जुग बीते दारुन कारा से, छूटि बंदिनी रानी।
भेंटत आँचर भीजि आँसु से, मुँहु से फूटि न बानी॥
नयन-चसक मा भरा रूप-रस, गले परी भुज-माला।
सुलगति छाती फुनि दह ह्वइगै, बुती बिरह कै ज्वाला॥
कोरा भरिकै राजकुँवर का, चुम्मिसि मुँह मधुसाना।
बहुत दिनन के बीते पाइसि, जनौं हेरान खजाना॥
थोरिनि सेवा से दाहिनि भै, विस्वरूपिनी माता।
फुनि जुटि गै पसु अउर परानी, फुनि जोरू औ जाँता॥
तूरि दिहिस तब लघु कुटुम्ब कै, सीमा आपनि बनई।
सबका समझिसि भाय-भतीजा, सबका घर कै मनई॥
तौधुक मेघा छोट ताल मा, जीवन कै सुख मानै।
जौधुक दिग-दिगन्त ले ब्यापी, महासमुद्र न जानै॥
जब जब लखै प्रिया का पहिरे, कनक-बिंदुमय सारी।
आवैं यादि उघारि गाँव कै, तब तब अनगित नारी॥

मनि-मंदिर मा चलै कुँवर जब, माथे दिहे दिठौना।
तब वै गेद आँखि मा नाचैं, जेनकै धूरि बिछौना॥
जब नभचुम्बी राजभवन मा, बाजै अनन-बधइया।
तब सुधि आवै वहि किसान कै, जेकरि चुवै मड़इया॥
फूल सेज कै काँटा ह्वइगै नागिन ऊँचि अटारी।
थरिया के बिंजन कै बनिगा कौर-कौर करियारी॥
एक-एक प्रानी के ताईं, प्रेम-पीर तब जागी।
सबका कंठ लगावै खातिर राजा भा बैरागी॥
एक सिवा का सकतहुँ देखिसि, देखिसि रंक न राना।
सब जीवन का सिर्फ वही कै आकृति समझिसि नाना॥
सरल हृदय से लखिसि देस का, नयन खोलि कै राता।
कहूँ भाय-भौजाई पाइसि, कहूँ बहिनि औ माता॥
मन्दिर ह्वइगा देस समूचा, मूरति भै नर-नारी।
दृग मा भरे प्रीति-जल राजा, बनिगा भगत पुजारी॥
जड़-जंगम मा प्रकट सिवा का, सकतहुँ पूजिसि राजा।
दुनौं पलकियन की थरियन मा, लोचन-दीप बिराजा॥
ढेला मा ह्वइगा सिंहासन, माटी मा रजधानी।
छाया ह्वइ कै संग लागि गै, फूल-कली अस रानी॥
कुरिया के तर जहाँ बसै नर, नित भूखा औ नंगा।
जहाँ माघ मा पाना बरसै, तन मा जुरै न अंगा॥
मुहुँ पै जहाँ लगावैं लरिका नित माछी कै मेला।
आँखि रहै मटका मा बूड़ी, नाकि बहै हर बेला॥
बिकट निठाला मा मेहरारू, जहाँ गरभ लुकुवाये।
भात कमासुत का परोसि के, सोइ जाएँ बिन खाये॥
जहाँ अनाथ-अपाहिज घूमैं, पहिरे फाटि लँगोटी।
भात मिले पै दालि न पावैं, साग मिले पै रोटी॥
जहाँ गेदहरी नान्हे भर कै, कान्हें पै लटि डारे।
कौरा माँगैं दिउली भर कै, दहिना हाथ पसारे॥
जहाँ भुखमरा साँसरि ढोवैं, साँसि खींचि कै दुगुनी।
चले गोड़ कै खुड्डी बाझै, आँखी चमकै जुगुनी॥
जहाँ अविद्या बसै हृदय मा, दृग मा बसै लचारी।
जहाँ रोज रोजी बिन झंखैं, झुंड झुंड नर-नारी॥
वहि धरती पै सरग उतारिसि, राजा सुरथ सलोना।
किहिसि दरिद्र देस कै अपने, संचित कोना-कोना॥

भूलि गये सब आपुनि-ढापुलि, बाल, बृद्ध औ ढोटा।
केउ न राउ केउ रंक न रहिगा, केउ न बड़ा औ छोटा॥
त्याग भोग मा बसा हृदय से, कढ़ा लोभ कै काँटा।
भुइँ न केहू कै अलगे रहिगै, धन न केहू कै बाँटा॥
सबका जुरा देह कै कपड़ा, अउर पेट कै दाना।
केउनललातरहाकन-कनका, गाड़िसिकेउनखजाना॥
रहिगा केउ न परावा कतहूँ, सब ह्वइ गै सग भाई।
रिंचिउ मन मा गाँठि न रहिगै, कइसै होय लड़ाई॥
जरि गै जाति-बिभेद, उजरि गै, सम्प्रदाय कै टाटी।
कवन बिबाद दिया-दिउली कै, चीन्हि गये पै माटी॥
सब समाज कै बिरिछ बनाइनि, बारि बुद्धि कै बाती।
केउअपुवाकासोरिनसमझिसि, नसमझिसिकेयपाती॥
रोज रति चानी बरसाइसि, दिन बरसाइसि सोना।
पेड़-पेड़ पै सुख कै पंछी, खोता रचिनि सलोना॥
तीजि परब के दिने जहाँ पै, जुरति रही न धोती।
वहीं चलीं मृगसावक-नैनी, भरे कोंछ मा मोती॥
जहाँ पसावन पीके पहिले, राति बिताइनि मनई।
वही देस मा घर घर ह्वइ गै, दूध दहिउ कै कनई॥
काढ़ि-काढ़ि गोबर कै गोहूँ, खात रहा जे रोटी।
तेकरि धिरिया खीरि छोड़ि कै, गुहिसि फूल से चोटी॥
तब अपने ब्यापक सरूप कै, समुझि सुरथि का सेवी।
कहीं भगत-भय-भंजनहारी, अन्तरिच्छ से देवी॥
धन्य पूत! तू प्रेम-जोग कै, कठिन उठाया बीरा।
जा, जीवन मा तुहुँ का ब्यापे, अब न सोक न पीरा॥
धन्य तोहार जोग-जप-संजम, धन्य तपोबल ऊँचा।
आजु एक परिवार बनाया, आपन देस समूचा॥
ब्यक्त रूप मा मोका पूज्या, राखि आँखि के आगे।
दिब्य-भोग-फल एकर तुहुँ का, देत अही बिन माँगे॥
मुल चरनन मा ठौर सनातन, मिले न तुहुँका तब ले।
मोरे असिल बिराट रूप का, चीन्हि न लेब्या जब ले॥
राति अउर दिन यक कइ नाया, सबके सुख की ताईं।
देस देस के बीचे कै मुल, पाया पाटि न खाईं॥
अबहीं मन के अन्तराल मा, लागि मोह कै काई।
अबहीं मानव-जाति समूची, ना तोहारि बनि पाई॥

अबहीं तक परदेस-देस कै, अन्तर तू न भुलान्या।
अबहीं सकल चराचर जग का, मोर सरूप न जान्या॥
ई समाज जौधुक ले बेटा! रहे द्वैत मा बाँटा।
तौधुक देस हजारन रहिहैं, भुइँउ हजारन फाँटा॥
नर के भये निरंकुस भुइँ पै, परे न सुख कै छींटा।
सूत सुतंतर न कपड़ा कै, औ न महल कै ईंटा॥
जब तक मनई सब मनइनि का, नाय समुझिहैं भाई।
जब तक देसन मा आपुस कै, जाए मिटि न लड़ाई॥
जब तक लोग राष्ट्रहित-ताईं, लुटिहैं देस परावा।
तब तक भला न जग कै होये, चाहे जिउ दइ नावा॥
मनुज सृस्टि कै एक अंस आ, एक अंस अनुरागे।
अंसी के सरूप कै झाँकी, दूरि आँखि से भागे॥
कीट-पतंग-भृंग-पसु-पच्छी, बेलि-बिटप-तनुधारी।
एक बिराट प्रेम कै बेटा, सब समान अधिकारी॥
सबका छुधा-पिपासा ब्यापै,बा सबकै मुँह चीरा।
सबका ठौर भुईं पै चाही, का कुंजर का कीरा॥
जब तक सीमा रहे भुइँ कै, तब तक रहे लड़ाई।
स्वारथ से उपजै लघु सीमा, आपनि अउरि पराई॥
ब्यापक मोर सरूप निहारे, जड़-जंगम के बीचे।
स्वारथ कै पंगुलपन पहुँचे, मन के नायँ नगीचे॥
जन-जन का करतब मा नाध्या, सब का कंठ लगाया।
मुल धरती भर के मनइनि का, तू अपनाय न पाया॥
प्रीति देस मा सीमित कइकै, कुछ परिवार बढ़ाया।
बड़ौ बान्ह बान्हे बिराट मा, बिरकुल मिटै न माया॥
ई माया कै बन्धन बेटा! टुटे जनम मा अगिले।
जब मन कै संकुचित भावना, भेद मिटे पै बदले॥
तब तू होब्या यही धरा पै, मनवंतर कै स्वामी।
परम-बोध-आचार-तपोमय, गन्धबिहीन अकामी॥
आपन अउर परावा कै लघु भीति रहे न मन मा।
मोर स्वरूप सनातन भासे, तब तुहुँ का कन-कन मा॥
जीव-जन्तु जे जग मा जनमे, छोट बड़ा तनु धारी।
तुहुँ का परिहैं जानि लखे पै, निज सन्तान पियारी॥
तब तोहरे बूते पै बेटा, ऊ दुरलभ दिन आए।
जब धरती भर के मनइनि कै यक कुटुम्ब बनि जाए॥

चोरी करे न केऊ बरोरी, केऊ न डारे डाका।
केउ भइया केउ रहे भतीजा, केउ काकी केउ काका॥
जनता निज करतब के रथ मा रहे निरंतर नाधी।
न धरती पै रहे कचहरी, न रहिहैं अपराधी॥
फूले फरे सभ्यता सब कै, पनपे सब कै भासा।
संचित ह्वइहैं लोक सुखी सब, जाए भागि निरासा॥
कौर केहू के मुँह-भित्तर कै, केउ न बरोरी छोरे।
केउ न डगर कै रहे भिखारी, सम्पति केउ न बटोरे॥
एक धर्म के अनुसासन मा, सब रहिहैं नर-नारी।
सेना नायँ, न रहिहैं राजा, औ न राज-अधिकारी॥
जीव-जन्तु से बोझी बसुधा, बनि कै बीन बिराजे।
तार अनेक सजा रहिहैं मुल, एक रागिनी बाजे॥
वहि दिन सब सुख से भरि जाए, भुइँ कै कोना-कोना।
कुंडल अउर कटक मा केवल, सूझि परे जब सोना॥
सब बिधि सुखी समाज निहारे, हरख हृदय मा जागे।
निखिल चराचर सुद्ध प्रेममय, तुहैं एक घर लागे॥
लोभ न दोख न मोह रहे औ, रहे न मन मा धोखा।
मुक्ति लता कै तब दुरलभ फल, तुहुँ का देब अनोखा॥
यतना कहिकै फुनि बिराट मा, भईं बिलीन भवानी।
पुलकित राजा के न दृगन से, रुका आँसु कै पानी॥

घर कै देवता ('घर कै कथा' से)

गहिरि गड़हिया पै बाँसन कै, झुरमुट जहाँ अनोखा।
पानी मा पौंड़ैं बनमुरगी, तीरे चुनै महोखा॥
खुर से गाय कान खजुवावै, जहाँ कुलाँचै लेरुआ।
दोउ गोड़न पै खड़ी, कोठि कै छेगड़ी चरै करेरुआ॥
छाँहें मा हरवाह उखुड़ि के, जहाँ चबायँ चबेना।
बरदा पागुर करैं मुँहे से, झरै दूध अस फेना॥
बरहौ मास फुलाय जहाँ पै, लाल-लाल अढ़उलवा।
साँझ सकारे जेहपै बोलै, बैठि-बैठि बुलबुलवा॥
बरगदवा पै जहाँ लटकि के, गोदा खायँ गदुरवा।
चन्नू-चेहरा की झोझिन से, कुलि गुहि उठै बबुरवा॥
जहाँ नहाय धूरि मा पखना, खोलि-खोलि गौरइया।

जोन्हरिन मा मचान के ऊपर, धरै किसान मड़इया॥
जहाँ उखुड़ि चौके उतरे पै, सबकै किसमति जागै।
मेहरारुन के सूप बजाय, जहाँ दलिद्दर भागै॥
भिनसारे मकलाय जहाँ पै, पीकै दूध पँड़उवा।
डारि कान मा चोंच भैंसि के, किलना काढ़ै कउवा॥
जहाँ पन्नि मा पीयर-पीयर, फूलि उठै सरसइया।
साँवर गोहूँ अइसन लागै, जइसे कुँवर कन्हइया॥
जहाँ झालि मा घुमची चिटकै, जहाँ फरै कौड़िल्ला।
जहाँ गेदहरी ढुकवलि खेलैं, गेंद लड़ावै पिल्ला॥
करिहइयाँ पै धरे गगरिया, कान्हे पै उबहनिया।
जहाँ दाँत से घूँघट दाबे, चलैं लजाधुर धनिया॥
जहाँ हाथ मा लिहे पहरुआ, कूटै धान बहुरिया।
झनन झनन झन करै कँगनवा, खनन खनन खन चुरिया॥
घर कै मलकिन जहाँ पछोरैं, चाउर अपने हाथे।
उड़ि उड़ि भूसी परै भुइं पै, कना बिराजै माथे॥
जहाँ किसान खेत मा अपने, मेनहति कइकै गाढ़ी।
दहिउ डारि कै सिखरन पीयैं, मोछी बाझै साढ़ी॥
वही गाँव मा जब मैं पहुँचेउँ, पीयरि पहिरे सारी।
तब कातिक कै रहा अमावस, घर घर रही दिवारी॥
लीपि पोति के निमकी तिरिया, रूप-रासि से माती।
केउ दिउली केउ तेल जुहावै, केउ रुई कै बाती॥
अँगना पूरैं चउक सुहागिनि, कलसा भरैं कुँवारी।
कतहुँ तेल कै गोझिया महकै, घिउ कै कतहुँ सोहारी॥
दुलहिन गोड़े दिहीं मेहावरि, माथे बिन्दु सलोना।
ऊ छबि ताके सरग लोक से, परी लगावैं टोना॥
बारे तेल आँखि मा काजर, माथे देहे डिठौना।
मनहँग होइकै लरिका खेलैं, मन कै पाय खेलौना॥
केउ माटी कै लेहे तराजू, केउ घाँटी केउ लोला।
केउ पिसान पीसै धूरी कै, आगे धरे जतोला॥
वहि दिन लागि महल से बढ़िकै, नीकि गाँव कै कुरिया।
होसि न रहिगै कब दिन बुड़िगा, कब होइगै गौधुरिया॥
रसे-रसे अन्हियार होत भै, पुन्य-परब कै बेला।
घरे-घरे मा पन्नि-पन्नि मा, लाग दिया कै मेला॥
पनडोहे पै दिया तेल कै घिउ कै दिया इनारे।

दिया पहरुवा पै काँड़ी पै, धइ गा दिया दुआरे॥
हर पै दिया, दिया हेंगा पै, दिया धरा फरवारे।
घूरे दिया, दिया खेतन मा, दिया बरै पिछवारे॥
एक-एक घर जगमग होइगा, जगमग खोंपा-खोंपा।
मानौ रतिया बेलरि बनिगै, लाग फूल कै झोंपा॥
तरे दिया कै पाँती सोहै, उप्पर खची तरइया।
यकछिनभुइँ-अकासकैअन्तर, भूलिगयेदेखवइया॥...

हरिश्चन्द्र पांडेय 'सरल'

'पुरवैया' और 'काँट झरबैरी के'—ये दोनों हरिश्चन्द्र पांडेय 'सरल' के कविता-संग्रह हैं। इनका जन्म फैजाबाद-अवध में 1932 ई. में हुआ था। इनमें सहज ही प्रगतिशील चेतना मौजूद है। वैसी ही सहजता प्रेम व सौन्दर्य की कविताओं में भी देखी जा सकती है।

का मोरे दिनवाँ बहुरिहैं कि नाहीं

मन कै अँधेरिया अँजोरिया से पूछै,
टुटही झोपड़िया महलिया से पूछै,
बदरी मा बिजुरी चमकिहैं कि नाहीं,
का मोरे दिनवाँ बहुरिहैं कि नाहीं।
माटी हमारि है हमरै पसीना,
कोइला निकारी चाहे काढ़ी नगीना,
धरती कै धूरि अकास से पूछै,
खर पतवार बतास से पूछै,
धरती पै चन्दा उतरिहैं कि नाहीं।
... का मोरे दिनवाँ बहुरिहैं कि नाहीं।
दुख औ दरदिया हमार है थाती,
देहियाँ मा खून औ मासु न बाकी,
दीन औ हीन कुरान से पूछै,
गिरजाघर भगवान से पूछै,
हमरौ बिहान सुधरिहैं कि नाहीं।
... का मोरे दिनवाँ बहुरिहैं कि नाहीं।
नाँहीं मुसलमाँ न हिन्दू ईसाई,
दुखियै हमार बिरादर औ भाई,
कथरी अँटरिया के साज से पूछै,
बकरी समजवा मा बाघ से पूछै,
एक घाटे पनिया का जुरिहैं कि नाहीं।

... का मोरे दिनवाँ बहुरिहैं कि नाहीं।
आँखी के आगे से भरी भरी बोरी,
मोरे खरिहनवा का लीलय तिजोरी,
दियना कै जोति तूफान से पूछै,
आज समय ईमान से पूछै,
आँखी से अँधरे निहरिहैं कि नाहीं।
... का मोरे दिनवाँ बहुरिहैं कि नाहीं।

देसवा कै पीर

मनई बन मनई का प्यार दे,
भेद जाति धर्म कै बिसार दे,
गंगा कै नीर गुन गाये
देसवा कै पीर गुन गाये।
हम तुम न और कोऊ तन मन से भारती,
मन्दिर अजान होय मस्जिद मा आरती,
नवा नवा जग का बिचार दे,
पंडित औ पीर का सुधार दे,
तुलसी औ मीर गुन गाये
घर घर कबीर गुन गाये।
... देसवा कै पीर गुन गाये।
गीता कुरान औ कुरान बनै गीता,
जाव भूलि अबलौं कि दिन कैसे बीता,
काबा औ कासी बिसार दे,
दूनौ का एक रूप ढार दे,
सन्त औ फकीर गुन गाये
रंक औ अमीर गुन गाये।
... देसवा कै पीर गुन गाये।
'हे' न लिखै हिन्दू न 'मीम' लिखै मुस्लिम
'हे' औ 'मीम' हम लिखैं एक रहैं हम तुम,
मीत बनैं सबही पुकार दे,
अरुझी लट अइसन सँवार दे,
ईद औ अबीर गुन गाये
निखरी तस्वीर गुन गाये।
... देसवा कै पीर गुन गाये।

अँधेरिया तौ आँकै

कबहुँ तौ किरन कौनिउ झोपड़ी मा झाँकै,
न कुछ अउर चाही अँधेरिया तौ आँकै।
बनै न घरैतिन बसै न परोसे
न सोचै कि दुनिया है वहिके भरोसे
तरस खाइ के हमकाँ कबहूँ न ताकै।
... न कुछ अउर चाही अँधेरिया तौ आँकै।
करय झूठ वादा बरस बीत अनगिन
गरीबन काँ कबहूँ न पूछै यकौ छिन
न बिसुवास अब वहिके हाँ कै न ना कै।
... न कुछ अउर चाही अँधेरिया तौ आँकै।
पलैंलालझोपड़िउमागुदड़िउमारहिकै
अठारह महीना कै इतिहास कहि गै
यसस लाल तौ अपनी चुँदरी मा टाँकै।
... न कुछ अउर चाही अँधेरिया तौ आँकै।
अमीरे गरीबे कै कस दुइ कहानी
बयार एक धरती गगन एक पानी
सरल एक रँग है धुआँ दोउ चिता कै।
... न कुछ अउर चाही अँधेरिया तौ आँकै।

एक तलइया मोरे गाँव

एक तलइया मोरे गाँव।
नाँव न जानै जाति न पूछै,
गगरी एक न फेरति छूछै,
ऊँच नीच बिन चीन्हे जाने,
बस धोवै धुरियावै पाँव।
... एक तलइया मोरे गाँव।
बकरी, सेर, सुअर औ' गइया,
पिये बाज पीवइ गौरइया,
सबहीं का यक घाट पियावै,
हर पियासि काँ देवै छाँव।
... एक तलइया मोरे गाँव।
तुम्हरे मत निकिस्ट यह तलिया,

यहहमकाँसमानलखिसुखिया,
तुम तौ धरम जाति के ढोंगी,
फूट बोइ फिर साधौ दाँव।
... एक तलइया मोरे गाँव।

तट कै कौन भरोसा

तट कै कौन भरोसा जब हर लहर छुए ढहि जाय,
खोलइ कौन झरोखा जब सगरौ अँधियार लखाय।
पग दुइ पग तौ रेत लगै औ दूरि लगै जस पानी,
बुद्धि मृगा कै हरि कै लइगै तिस्ना भई सयानी,
दृग कै कौन भरोसा जब रेती कन नीर लखाय।
... खोलइ कौन झरोखा जब सगरौ अँधियार लखाय।
आग लगै घर के दियना से धुवइँ धुआँ चहुँ ओर,
गिन गिन काटौ रैन अँधेरिया तबहुँ न जागै भोर,
पथ कै कौन भरोसा जब हर पग पै पग बिछलाय।
... खोलइ कौन झरोखा जब सगरौ अँधियार लखाय।
अँधियरिया हम बियहि के लाये पाहुन लागि अँजोरिया,
तुहुँका बिपति बिपति यस होये हमैं पियारि बिपतिया,
सुख कै कवन भरोसा जब कुसमय देखे कतराय।
... खोलइ कौन झरोखा जब सगरौ अँधियार लखाय।

प्रीति तौ बरबस होय

जब कोऊ मन मा यस आवै मन का खबर न होय,
तब जानौ कोऊ प्रीति करै न प्रीति तौ बरबस होय।
नैन ही पूछै नैन ही बूझै बिन बोले कहि जाँय,
दूर रहैं मुल सैन सैन मा नैनन से बतियाँय,
बड़री अँखियाँ नैन समाय औ नैनन खबर न होय!
... प्रीति तौ बरबस होय।
कान्ह की बंसी जब जब गूँजै ऊधौ बुद्धि हेराय,
पनघट क़दम की डार पै जल मा बहियाँ गहत देखाय,
जब मन यस तन का भरमावै तन का खबर न होय!
... प्रीति तौ बरबस होय।
अनगिन फूल खिलैं बगियन मा कोउ यक नैन समाय,

बिना छुये तन मन गमकावै चन्दन गंध हेराय,
जब यक गंध बनै कस्तूरी मृग का खबर न होय!
... प्रीति तौ बरबस होय।

केरा कै पात मोरा मन

केरा कै पात मोरा मन, बैरी कै काँट न उगाओ।
अबहीं पियासे नयन, नयनन कै पलक न झपाओ॥
आह भरें कहि जायँ बतिया सारी,
भाठी जराय देय लोहेउ कै आरी,
यनकै अनोखी अगिन, दुखिया कै आह न जगाओ।
मरुथल जिनिगिया है रेत निसानी,
बाढ़ै पियसिया तौ झलकै जस पानी,
छले जाएँ भोले हिरन, कंचन घट बिख न भराओ।
दरद हमार मोरे जियरा कै साथी,
जरि गवा तेल मुला बरी नहीं बाती,
थकि चली साँस कै चलन, जोति गये दीप न जराओ॥

पारसनाथ मिश्र ‘भ्रमर’

पारसनाथ मिश्र ‘भ्रमर’ का जन्म 1934 ई. में बहराइच-अवध में हुआ था। खड़ी बोली-हिन्दी और अवधी दोनों में रचनाकर्म। ‘सुरसमयी’ संग्रह इसका प्रमाण है। इसमें अवधी के सुन्दर लोकगीत हैं। कवि-सम्मेलनों में इनकी कविताएँ खूब सुनी जाती थीं। इनकी कविताओं में आध्यात्मिक भावना का भी दर्शन होता है।

कहाँ गई निबिया जवान

हमरे अँगनवा न बोलै सुगनवा,
अँखिया मा सिसुकै परान
कहाँ गई निबिया जवान !

निबिया कै बिरवा कटाय दिह्यौ बाबा
घर की चिरैया उड़ाय दिह्यौ बाबा
उड़िगै मयनवा सयान,
कहाँ गई निबिया जवान !

निबियाकै चिफुरी, चइलवाकै अगिया
जरि-जरि होइगै कोइलवा से रखिया
लागै जहनवा मसान,
कहाँ गई निबिया जवान !

सूनी है पुरई औ सूने हैं पुरवा
सूनी देहरिया है, सूने दुअरवा
सूने ओसनवा-सिवान,
कहाँ गई निबिया जवान !

दुखवा कै खिरिया लै ओखै मँतरिया
भूले से कगवा न बोलै अँटरिया

जइसे परनवा हेरान,
कहाँ गई निबिया जवान !

फगुनही बयार

लाही सरसों रंग कटइया,
लहकै टेसू गाँव-गँवइया।
फूलै महुआ क़दम कचनार,
फगुनही बयारि बहै।

अर-रर अर-रर लड़ै कबीरा,
सर-रर सर-रर उड़ै अबीरा।
धिन-गिन धिन-गिन बजै ढोल-डफ
किटघिन-किटघिन करै मजीरा।
थिरकै थइ-तथइ-त-तत-थइया
अँगनन मा गोरहर गौरइया।
पइली बिछुवा से करै तकरार,
फगुनही बयारि बहै।

फहरै रंग-बिरंग चुँदरिया,
लहरै छिट्टीदार घँघरिया।
लाली पिये सँवरि रंग देहियाँ
लागे लाल-लाल भोरहरिया।
बिंदिया परी लटन की बहियाँ
चम-चम करै होय घमछहियाँ।
जइसे रतिया से मिलै भिनसार,
फगुनही बयारि बहै।

कुँइयाँ कोक कमल फुलियाने
बौरे आम बिरिछ बौराने।
झोरिन गंध गुलाब सँभारे
ढूढ़ैं कलियाँ भौंर लुकाने।
रंगन बूड़े ताल तलइया
उतरे हैं अनंग अँगनइया।
सबके जियरा मा धधकै अँगार,
फगुनही बयारि बहै।

दुइ पहिया कै गाड़ी

देखौ दुइ पहिया कै गाड़ी
अपने आपुइ दउरै राम !

खाले-ऊँचे भागै भइया
देखि न परै कहूँ चलवइया
कहूँ अगाड़ी कहूँ पिछाड़ी
अपने आपुइ दउरै राम !

धरती छोड़ि अकास फलाँगै
नदिया पइँरै परबत लाँघै
खाई-खन्दक जंगल-झाड़ी
अपने आपुइ दउरै राम !

कबहूँ जागै कबहूँ सोवै
कबहूँ गावै कबहूँ रोवै
कबहूँ सीधी कबहूँ आड़ी
अपने आपुइ दउरै राम !

जस-जस बाहन होय खटारा
अंजन खटका खाय बेचारा
जइसै खेलै खेल खिलाड़ी
अपने आपुइ दउरै राम !

चलती केर नाँव है गाड़ी
रुकतै बंद होति है नाड़ी
बिगड़े लेत न कोऊ कबाड़ी
अपने आपुइ दउरै राम !

पुरवइया गीत

बड़ा दुख दइ गय हाय पुरवइया !

पोरन पोरन पीर जगावै
लोटै घर अँगनइया,

साँस-उसाँसन सावन भादौं
आँखिन ताल तलइया।

लाल रंग लाहिन मा बसिकै
होइगा रंग कटइया,
नस-नस बिरह-अगिनि अस छिटकै
तरफै प्रान-चिरइया।

सिहरत तन उचटत मन छिन-छिन
देखत गाँव गँवइया,
हाड़ कँपावत घाम घमुनिया
जिउ कै जरन जोंधइया।

राग-रंग किंगरी बिन सूनी
आपन राम-मड़ैया।
बड़ा दुख दइ गय हाय पुरवइया !

कउन मेर यह बन्दा

साहब, कउन मेर यह बन्दा?
उप्पर-उप्पर सुघर-सलोना,
भित्तर गन्दा-गन्दा।
नैन रसीली, नाँव नैनसुख,
तबहूँ लागत अन्धा।
मुँह मा राम बगल मा छूरी,
जेहिकै गोरख धन्धा।
मन्दिर पूजै, मसजिद पूजै,
अउर करै छल-छन्दा।
काम, क्रोध, मद, लोभ न त्यागै,
करै धरम कै धन्धा।
मदिरा मांस नित्य-प्रति चाहै,
तिलकु लगावै लम्बा।
ओढ़ि दुसाला, लै मृगछाला,
डारै सब पर फन्दा।

बरवै

हरी घँघरिया पहिरे, चादरि हार।
अँगनन खेतवन बगियन, ठाढ़ि बहार॥
दखिनारी झकझोरय, गन महुआय।
टेसू खिले कपोलन, तन गदराय॥
लपटि उठत तन झरसत, जिउ अकुलात।
उमड़ि घुमड़ि भुइँ चिरई, मरि-मरि जात॥
छेदत चलइ पवन अस, काँपइ हाड़।
देखत फाटि लगुरिया, आवत जाड़॥
पसरी परी अँधेरिया, गइ गहराइ।
करौ तनिक उजियरिया, सुरति देखाय॥
सद मारग चलवइया, ना पछताँय।
असद पंथ गहवइया, जियत बिलाँय॥

रफीक शादानी

रफीक शादानी का जन्म 1934 ई. में म्यांमार (बर्मा) में हुआ था। फिर वहाँ से दूसरे विश्वयुद्ध से पैदा हुई तबाही के कारण फैजाबाद-अवध आना पड़ा। इनकी स्कूली पढ़ाई-लिखाई नहीं हुई थी। मुशायरों में इनकी कविताओं की बड़ी धाक रही। 'जियौ बहादुर खद्दरधारी' इनकी अवधी कविताओं का संग्रह है।

आपन डगर है संत कबीरी

भले से हय मुफलिसी फकीरी
आपन डगर हय संत कबीरी
करित नहीं हम चमचागीरी
खात हय गदहा खाय पँजीरी
दुइ-दुइ गनर साथ मा रक्खय
यहिका संत फकीर कही
सबसे महँगी कार मा घूमय
इनका पहुँचा पीर कही
आपन घर तउ फूँकयँ नाहीं
केतनौ घर फुँकवाय दिहिन
ताजमहल होटल मा ठहरयँ
इनका दास कबीर कही?

जिन्दगी

कबहूँ ठंडी तौ कबहूँ गरम जिन्दगी
एक गँजेड़ी कय जइसे चिलम जिन्दगी
का कही ऐसी पावा हय हम जिन्दगी
बिन सियाही के जइसे कलम जिन्दगी
दिल के चक्कर मा अस छीछालेदर भई

हाय सत्यम् सिवम् सुन्दरम् जिन्दगी
हम ई जानेन कि अब दुख से फुरसत मिली
दुइ घड़ी हँसिके भय बेधरम जिन्दगी

बंबई कय बाति

बंबई के हर गली मा भीड़ रेलमपेल हय
हर बड़ा मेला भी अब तौ एहके आगे फेल हय
एक कमरे मा रहत देखा हय हम परिवार दस
अब एहका कमरा कहौ तू या पिराइबेट बस
वही मा बेटवा बहू हय वही मा बिटिया दामाद
वही मा सबका मिलत हय जिन्दगी कय कुल सवाद
अपने-अपने बिस्तरे पै तौ सबय जागत अहयँ
एक दूजे का यही समझत हयँ सब सोवत अहयँ

तुम भाड़ा दइ पइहौ

एक रिक्सावाले से पूछा, स्टेसन लइ चलिहौ
हमरी सूरत देखि के बोला, तुम भाड़ा दइ पइहौ
फस्किलास कय दस रुपिया हय, सेकंड कय लेबै चार
थर्ड किलास कय दुइ रुपिया हय, ई हय रेट हमार
हम कहा भइया रिक्सावाले, हमका तनी बतावौ
एक रिक्सा मा तिन-तिन दर्जा, ऊ कइसे समझावौ
कहिस कि दस मा अस लइ चलबय, जइसे हेलीकाप्टर
चार जो देहौ बिरिक न लेबय, गड्ढा परय या ठोकर
दुइ रुपिया जो हमका देबो, रहे मामिला उल्टा
हम रिक्से पर बइठि के चलबय, आप चलइहौ रिक्सा

ए भइया

भासण से खोपड़ी न चाटउ ए भइया
मई-जून मा आग न बाँटउ ए भइया
हम जानित हय सब लहबड़िया सुग्गा हयँ
चलउ यहीं मा केऊ का छाँटउ ए भइया

तरन्नुम से

कुछ लोग तो बनाइन जागीर तरन्नुम से
कुछ सायरन कय चमकी तकदीर तरन्नुम से
लालच कय भूत एतना सर पर सवार होइगा
मौलाना करय लागे तकरीर तरन्नुम से

ताव आवत हय

जब नगीचे चुनाव आवत हय
भात माँगौ पुलाव आवत हय
हम तौ ऊ वीर हन कि जब केहू
मुँह पै थूकय तौ ताव आवत हय

उम्मीदे-लौटानी बहुत कम हय

कही कैसे कि यारन कय मेहरबानी बहुत कम हय
धकेलिन ऊ कुआँ मा जेहिमा पानी बहुत कम हय
ई तोहरे वादे मा झलकत मेहरबानी बहुत कम हय
तसल्ली देत हउ उम्मीदे-लौटानी बहुत कम हय
रफीक हमसे ई मिसरा लोगय कहिलाइन जबरदस्ती
पिरेमै-पिरेम हय भारत मा बेइमानी बहुत कम हय

चौबीस घंटा पहिले

एक रोज कय बात बताई अइस भवा संजोग
एक जगह पे भये इकट्ठा तीन देस के लोग
रूसी बोला कत्ल डकैती चहय जउन होय मिस्टर
हमरी पुलिस पकड़ि लेत हय पाँच रोज के अन्दर
जर्मन बोला पुलिस मोहकमा हमार हय तुँहसे बेहतर
हर मुजरिम का पकड़ि लेत हय दुइयइ दिन के अन्दर
भारतीय बोला मोरे पुलिस कय करो प्रसंसा पहिले
हर यक केस का जानि जात हय चौबीस घंटा पहिले

उल्लू हौ

तुम चाहत हौ भाईचारा उल्लू हौ
देखै लागेव दिनय मा तारा उल्लू हौ।
समय कय समझौ यार इसारा उल्लू हौ
तुमहूँ मारव हाथ करारा उल्लू हौ।
कइसे इंटर पास किहेव बस जानि गयन
कहा इक्यासी लिखेव अठारा उल्लू हौ।
कट्टरपंथी जाल से हमतौ भागि लिहेन
तुमहूँ होइ जाव नौ दुइ ग्यारा उल्लू हौ।
जवान बीबी छोड़ि के दुबई भागत हौ
जैसे तैसे करौ गुजारा उल्लू हौ।
भीड़ मा घुसिके झगड़ा देखा चाहत हौ
दूरै से बस करौ नजारा उल्लू हौ।
कहत रहेन ना फँसौ प्यार के चक्कर मा
झुराइ के होइ गयौ छोहारा उल्लू हौ।
दहेज मा मारूती पायौ खुसी भई
दुलहिन पायउ महयँ खटारा उल्लू हौ।
डिगरी लइके बेटा दर-दर भटकौ ना
हवा भरौ बेचै गुब्बारा उल्लू हौ।
इनका, उनका, रफीक का गोहरावत हौ
जब वै चहिहैं मिले किनारा उल्लू हौ।

निसाना नहीं मिलत

केहू कहत हय खाइ क दाना नहीं मिलत
केहू कहत हय रहय क ठिकाना नहीं मिलत
यहि दौर से रफीक हय हमहूँ क सिकाइत
हम दिल लिहे घूमित हय निसाना नहीं मिलत

जियौ बहादुर खद्दरधारी

ई महँगाई ई बेकारी
नफरत कय फइली बीमारी

दुखी अहय जनता बेचारी
बिकी जात बा लोटा थारी!
जियौ बहादुर खद्दरधारी!

सूखा या सैलाब जो आवय
तोहरा बेटवा खुसी मनावय
घरवाली आँगन मा गावय
मंगल भवन अमंगलहारी!
जियौ बहादुर खद्दरधारी!

धूमिल भय गाँधी कय खादी
पहिरय लागे अवसरवादी
या तौ पहिरयँ बड़े फसादी
देस का लूटौ बारी-बारी!
जियौ बहादुर खद्दरधारी!

मनमानी हरहाल करत हौ
देसवा का कंगाल करत हौ
खुद का मालामाल करत हौ
तोहरेन दम से चोर बजारी!
जियौ बहादुर खद्दरधारी!

झंडय-झंडा रंग-बिरंगा
नगर-नगर मा कर्फ्यू दंगा
खुसहाली मा पड़ा अड़ंगा
हम भूखा तुम खाव सोहारी!
जियौ बहादुर खद्दरधारी!

तन कय गोरा मन कय गन्दा
मस्जिद-मन्दिर नाम पै चन्दा
सबसे बढ़िया तोहरा धंधा
न तौ नमाजी न तौ पुजारी!
जियौ बहादुर खद्दरधारी!

बरखा मा विद्यालय ढहिगा
वही के नीचे टीचर रहिगा
नहर के खुलतय दुइ पुल बहिगा
तोहरेन पूत कय ठेकेदारी!
जियौ बहादुर खद्दरधारी!

जनता भुलान थोड़ै हय

तू जेतना समझत हौ ओतना महान थोड़ै हय
खान तौ लिक्खत हय लेकिन पठान थोड़ै हय
ऊ मारि-मारि के हमसे बयान करवाइस
ईमानदारी से हमरा बयान थोड़ै हय
देखौ आबादी मा तौ चीन का पिछाड़ि दिहिस
हमरे देस कय मरिहल किसान थोड़ै हय
हम ई मानित हय मोहब्बत मा चोट खाइस हय
जेतना चिल्लात हय ओतना चोटान थोड़ै हय
ऊ छत पे खेल रही फुलझड़ी पटाखा से
हमरे छप्पर की ओर ओहकै ध्यान थोड़ै हय
चुनाव आवा तब देखि परेव नेताजी
तोहरे वादे का जनता भुलान थोड़ै हय
रफीक मेकपो-मेहँदी क ई कमाल हय सब
तू जेतना समझत हौ ओतनी जवान थोड़ै हय

आद्या प्रसाद 'उन्मत्त'

आद्या प्रसाद 'उन्मत्त' का जन्म प्रतापगढ़-अवध में 1935 ई. में हुआ था। अवधी में प्रगतिशील चेतना के कवि। इनकी अवधी कविताओं का संग्रह 'माटी अउर महतारी' है।

गजल

पोल खोली, कुछ न बोली, डोलि जाई, का करी,
ओनकी जफड़ी मा कसत इज्जत बचाई, का करी?
बूँद भै जानै न हमरी जात कै औकात जे,
वहि समुंदर की लहर कै गीत गाई, का करी?
फूस की मड़ई मा बनि बारूद हम पैदा भए,
आग देखी तौ भभकि के बरि न जाई, का करी?
छाँव की खातिर पसीना खून से सींचा किहे,
झोंझ से माटा झरैं तौ मुँह नोचाई, का करी?
पूत जौ पूछै बमकि के बाप से तू का किह्या,
ऊ बेचारा हाथ मलि के रहि न जाई, का करी?

धुतू-धुतू

नई भीत उठा थै पुरान भीत गिरै, भैया धुतू-धुतू। हो भैया...!
बरखा कै रतिया गढ़ानि अँधियरिया,
चारिउ मू से बही झकझोरि के बयरिया,
लूटै लागे पहरू धरम धन दुइनौ,
हे हो राम! लगा तुहीं अब तौ गोहरिया,
मारा ईखनवाक मूड़ उतरै, हो भैया धुतू-धुतू। हो भैया...!
नकली समाजबाद खोखली अजादी,
पपवा प परदा महतिमा क खादी,

जेकरे रकतवा से बेदिया गै लीपी,
ओकरे असनवा पै बैठिगे फसादी,
मारि के ढकेलि द्या न सोझै उतरै, हो भैया धुतू-धुतू। हो भैया...!
डकुआ लुटेरुआ क राज तनी देखा,
झपटै कबुतरी प बाज तनी देखा,
अपुना महलिया म करै रंगरेलिया,
देसवा क बूड़ै थै जहाज तनी देखा,
होइ जे मरद ऊ लँगोट पहिरै हो, भैया धुतू-धुतू। हो भैया...!
देहिया उघारि के करावै नाच नंगा,
हड़वा बहाइ के मचावै हुड़दंगा,
नवा नवा सपन सुनावै भिनुसारे,
देसवा क लूटि के बनावै भिखमंगा,
अपुना अखंड खर खाइ औ चरै, हो भैया धुतू-धुतू। हो भैया..!
अँखिया म पनिया मना म चिनगारी,
निकरा पुरुब से पुरुस अवतारी,
दौड़ि चला गाँव गाँव टेरा थै जवानी,
जेका होये दुधवा पियाये महतारी,
दुधवा कै लाज करै दौड़ि के भिरै, हो भैया धुतू-धुतू। हो भैया...!
नई नई भीत उठै नवा खपरैला,
घरा खटै गोरिया सेवनिया म छैला,
ठुम ठुम ठुमकै औ मारै किलकारी,
अँगना म ललना बगिचवा मुरैला,
खेतिया कियरिया बसंत लहरै, हो भैया धुतू-धुतू। हो भैया...!
चन्दा मामा धावै लिहे दूध कै कटोरिया,
हँसि के अँगनवा म उतरै अँजोरिया,
सास जी कै छोहिया ननद कै ठिठोली,
अपने लिलार पै गुमान करै गोरिया,
फिर से धरतिया सरग उतरै, हो भैया धुतू-धुतू। हो भैया...!
जहाँ तहाँ धूम करै कल कारखनवा,
महकै मजरुवा के मथवा पसिनवा,
सिमवा के मोरचा पै गरजै जवानी,
खेतवा के मोरचा प चमकै किसनवा,
बलिया से मोतिया कै दनवा झरै, हो भैया धुतू-धुतू। हो भैया...!
अँखिया भै निंदिया औ भुखिया भै दाना,

लजिया भै कपड़ा सरब सुख माना,
अवा गवा देखिके जुड़ाइ जाइ छतिया,
केहू क दरद दुख रहै न बेगाना,
गोरुआ कि नाहीं केउ न अपुनै चरै, हो भैया धुतू-धुतू। हो भैया...!
नई भीत उठा थै पुरान भीत गिरै, भैया धुतू-धुतू। हो भैया...!

तनी झूम के बरस कजरारे बदरा

नदी कूप सर ताल के सहारे बदरा
तनी झूम के बरस कजरारे बदरा।
बदरा बरस पियासी धरती कै छाती बा दरकी,
लता पतर सूखे बिरछन कै टहनी सगरी लरकी।
घूम घूम के बरस कजरारे बदरा
तनी झूम के बरस कजरारे बदरा।
ताल तलइयन अब पानी के बदले धूरि उड़ावैं,
चिरई अउर चिरोमन झंखैं मन आपन समझावैं।
बड़ी धूम से बरस कजरारे बदरा
तनी झूम के बरस कजरारे बदरा।
अंधाधुंध बरस धरती कै चूनर कै दे धानी,
हर लैके मँहगू निकरैं औ बिया लिहे सिउरानी।
आँख मूँद के बरस कजरारे बदरा
तनी झूम के बरस कजरारे बदरा।
झुंड झुंड लरिकन का जुरिके खेलै काल कलौती,
मोरे अँगना बरस कि नरदा से बहि निकरै मोती।
माँगी इहै तोसे अँचरा पसारे बदरा
तनी झूम के बरस कजरारे बदरा।
बदरा बरस कि खेतन मा उपजै सोने कै बाली,
नाचैं पहिर महतुइन महतौ देखि बजावैं ताली।
दुखी दीनन के प्रान के पियारे बदरा
तनी झूम के बरस कजरारे बदरा।
राह निहारत सगरी रतिया तिल तिल कइ के सरकी,
ऐसन बरस बिदेसी कन्ता का सुधि आवै घर की।
हिया हूम के बरस कजरारे बदरा
तनी झूम के बरस कजरारे बदरा।

एक साल अउर बीता

कुछ बीतिगा लड़कपन की मौज म, मस्ती मा
कुछ बीतिगा डगर मा सुनसान म, बस्ती मा
कुछ बीतिगा खोवइ मा कुछ बीतिगा पावइ मा
कुछ बीतिगा रोवइ मा कुछ बीतिगा गावइ मा।
का चूक भइ न कबहूँ सोचइ क भा सुभीता,
एक साल अउर बीता।
कबहूँ जनान दुनिया अबहीं उछिन्न होई
कबहूँ जनान सगरौ अब ताक धिन्न होई
कबहूँ बजी पिपिहिरी कबहूँ बजा नगाड़ा
गइ जरि कभौ उखाड़ी झंडा ग कभौ गाड़ा।
कबहूँ त बिना बातइ के लागिगा पलीता।
एक साल अउर बीता।
परसों अहै दसहरा नरसों अहै देवारी
सब आइ के चला गे तिउहार बारी-बारी
पनरा अगस्त आवा फिर आइ दुइ अक्तूबर
हफ्ता भरे कै झंझट फैलाइ गा नवंबर।
नापै के बरे जिनगी हर साल नवा फीता।
एक साल अउर बीता।
महजिद से ताल ठोंकेन मन्दिर से ताल ठोंकेन
केतनौ गयेन छोड़ावा फिर फिर से ताल ठोंकेन
बनि के धरमधुरी सब केतना रकत बहाएन
खूनइ क किहेन उल्टी खूनइ म खुब नहाएन।
दुइनौ छलाँग मारेन केउ बाघ केहू चीता।
एक साल अउर बीता।
दर्रान तलइयन के दिन फिर से किहे फेरा
घाटन प खिली सुतुही पानी म कुईं-बेरा
फिर हरसिंगार फूला फिर डार-डार गमकी
पछियाँव तनी ढुरका सगरी सेंवार गमकी।
गदराय गईं उखिया पियराइ गा पपीता।
एक साल अउर बीता।
हमरेउ अँजोर लौटइ तोहरेउ अँजोर लौटइ
इंसान की जिनगी मा फिर फिर से भोर लौटइ

धरती क भाग जागइ दुख औ दरिद्द भागइ
संसार के अँगना मा फिर जोत परब लागइ।
रावन क कै उछिन्नी लौटइ सुमति क सीता।
एक साल अउर बीता।

अहै के मोरे तोहरे सेवाइ मइया!

चाहे जँघिया प लोटे बुकउना मले,
चाहे धुरिया लपेटे बेकैयाँ चले,
मुँहा चूमू है गोदिया उठाइ मइया,
अहै के मोरे तोहरे सेवाइ मइया।
चाहे पहिला परगवा फनावत गिरे,
चाहे तोहरे अँगनवा मा धावत गिरे,
चलू अगवा अँगुरिया धराइ मइया,
अहै के मोरे तोहरे सेवाइ मइया।
फुसिलाइउ बजाइ घुनघुनवा तुहीं,
टिकटोरिउ है गूँगा बोलनवा तुहीं,
दुइनौ हथवा चुटुकिया बजाइ मइया,
अहै के मोरे तोहरे सेवाइ मइया।
भूख देखू तौ बावन करमवा किहू,
माई पूरा तू आपन धरमवा किहू,
मोरे डेकरे गइउ तू अघाइ मइया,
अहै के मोरे तोहरे सेवाइ मइया।
चाहे दुनिया कै आफत बिपति गरसै,
चाहे उपरा से कौनौ बलाइ बरसै,
तोहरे कोरवै म जाबै लुकाइ मइया,
अहै के मोरे तोहरे सेवाइ मइया।

विद्या विन्दु सिंह

अवध से आने वाली लेखिकाओं की बात करें तो विद्या विन्दु सिंह की अनन्यता इस बात में है कि वे हिन्दी में लोकजीवन से जुड़ा ढेर सारा लेखन करती हुई अवधी में अपने रचनात्मक दाय को बखूबी निभाती हैं। सिर्फ अवधी कविता को लेकर ही नहीं, अवधी गद्य को लेकर भी। 1945 ई. में फैजाबाद-अवध में जन्मीं और वर्तमान में लखनऊ में रहती हैं।

गउवाँ गेरउवाँ सहर भये बाबा

गउवाँ गेरउवाँ सहर भये बाबा
सहर भये बाबा, जहर भये बाबा

कागा न बोलैं न बाचैं सगुनवा
बइठैं मुँडेरिया न उतरैं अँगनवा
दूध भात खोरवा नोहर भये बाबा
गउवाँ गेरउवाँ सहर भये बाबा

उड़ि गई कोयलरि उजरि गई बगिया
अँखिया म नाचै सब खेतवा कियरिया
पानी बिन खेतवा उसर भये बाबा
गउवाँ गेरउवाँ सहर भये बाबा

नाहीं आये हरदी नेवत लिहे बभना
खुलि गईं निंदिया, टूटि गये सपना
मन जैसे खुँटिया क हर भये बाबा
गउवाँ गेरउवाँ सहर भये बाबा

छूटि गई बाबा तोहार चैपरिया
निबिया जमुनिया हो सखी सहेलरिया

फुलवा करेजवा बजर भये बाबा
गउवाँ गेरउवाँ सहर भये बाबा

महुआ क फूल चुवै डहकइ पलसवा
रोज-रोज गोइयाँ निहारैं अकसवा
चढ़तै चइतवा दुसर भये बाबा
गउवाँ गेरउवाँ सहर भये बाबा

सोन्ह-सोन्ह महकै असढ़वा कै माटी
बजर करेजवा अकेल दिन काटी
कहही के गोंइड़ा, उसर भये बाबा
गउवाँ गेरउवाँ सहर भये बाबा

मनवा म महकै कुवरवा क रतिया
देवरा क चुटकी, फगुनवा क बतिया
सब सुख यहर वहर भये बाबा
गउवाँ गेरउवाँ सहर भये बाबा

ननदी क ठुनकी, भउजी ठिठोलिया
पिया से छुप-छुप, वसरवा क बतिया
गितिया, कहनिया नोहर भये बाबा
गउवाँ गेरउवाँ सहर भये बाबा

ठनकति हँसी न गंध सोंधी गुजरिया
हरहा न गोरू सब सूनि भईं सरिया
कमोरिया क गोरस नोहर भये बाबा
गउवाँ गेरउवाँ सहर भये बाबा

कैसे केहू रहिया बचाय चले बाबा
नेहिया क दियना लेसाय चले बाबा
नये-नये चोरवा जबर भये बाबा
गउवाँ गेरउवाँ सहर भये बाबा

मनवा म बाँधि कै विपति गठरिया

केहू न बतावै आपन जियरा हवलिया
नोहर हँसी कै पहर भये बाबा
गउवाँ गेरउवाँ सहर भये बाबा

बाबा अकेले बइठे तपता बारे,
पैरा के चारिउ ओर बिड़वा सँवारे
घर घर सनीमा के घर भये बाबा
गउवाँ गेरउवाँ सहर भये बाबा

हरदी औ सरसों के बुकवा हेराने
टेसू के फूल नाहीं उढ़िला देखाने
गाँव गाँव बिउटी पारलर भये बाबा
गउवाँ गेरउवाँ सहर भये बाबा

गोरस गाँव से उड़ि कै सहर गये
बोतल जहर घर-बाहर पसरि गये
हेराय बंसी बिरहा कै स्वर गये बाबा
गउवाँ गेरउवाँ सहर भये बाबा

काली क चौरा न लपसी सोहारी
नाहीं पूजै पुरखिन अब डिउहारी
नये-नये देउता उपर भये बाबा
गउवाँ गेरउवाँ सहर भये बाबा

कइसे तोहसे दरदिया छिपाई माई

कैसे फुलवा का बिकै से बचाई माई
कइसे तोहसे दरदिया छिपाई माई

अगवौं दरद बा, पछवौं दरद बा
पेटवौ जरत बा, पिठियौ जरत बा
कइसे आपनि जरनियाँ सिराई माई
कइसे तोहसे दरदिया छिपाई माई

देखा चारिउ ओरिया धूरि उड़ति बा
हमरे घरा नाहीं रहिया मुड़ति बा
कइसे रहिया मा फूल छितराई माई
कइसे तोहसे दरदिया छिपाई माई

फूल पान यस जेका जोगयन
नयनन की पुतरी कइ राखेन
ओनही सबै चलैं रहिया बेराई माई
कइसे तोहसे दरदिया छिपाई माई

अपने पराये कै लाग बा झमेला
नेह के नातन कै लाग बा मेला
कइसे मेलवा हेरान, हेराई माई
कइसे तोहसे दरदिया छिपाई माई

बड़ी बड़ी झूठ कै लागी बजरिया
रूप कै अँगनवाँ खिली बा फुलवरिया
कैसे फुलवा का बिकै से बचाई माई
कइसे तोहसे दरदिया छिपाई माई

हम सिउ-गौरी कै चिर जोरी

हम ही सारदा, हम ही लक्ष्मी,
हम सिउ-गौरी कै चिर जोरी

जन्म लिहेन हम जबसे,
ममता भरा करेजा पायेन
एक देहरी से दुसरी देहरी,
आइ के सबका गले लगायन
क्षमा किहेन वनहूँ सबके,
जे करत रहे सीना जोरी
हम सिउ-गौरी कै चिर जोरी

जे काटै कै औ बाँटै कै,
दाँव-पेंच किहिस हरदम

हम जोड़ै क करत रहि गये,
राति-दिना कोसिस भर दम
बिटिया, बहिन, घरैतिन, माई,
हर रूप किहेन हथ जोरी
हम सिउ-गौरी कै चिर जोरी

सहि गयेन सहारे गीता के,
दुख कै पहाड़ बड़े टूटे
दुख का मानि कृपा प्रभु कै,
अपनी गाँठ कै सब सुख छूटे
हार न मानेन कौनिउ डरि से,
कितनौ किहिस सब बरजोरी
हम सिउ-गौरी कै चिर जोरी

बेटवा-बिटिया इक सम पालेन,
बिटिया-बहू क एक्कै मानेन
जे न करै आदर बड़कन कै,
समझायन वन्है कर जोरी
हम सिउ-गौरी कै चिर जोरी

सुख मा सबके साथे गायेन,
सबके दुख मा हाथ बँटायन
अपने दुख का सक्ति बनाय कै,
मौन रहेन न किहेन मुँहजोरी
हम सिउ-गौरी कै चिर जोरी

हम धाने के बिरवा ऐसन,
जरि से उखारि गयेन रोपी
दूनौ जरि से प्रीति रखेन,
दूनौ कुल कै लाजि तोपी
हम ललमुनिया चिरई अस,
संकट लिहन सब सिर जोरी
हम सिउ-गौरी कै चिर जोरी

बाबुल अँगना कै गौरैया,
दाना चुगि उड़ि दूरि गयेन
नवा नीड़ रचि पालेन पोसेन,
फिर बच्चन का उड़ाय दिहेन
बान्हे रहेन डोरि ममता कै,
जब गये दूरि सब मुख मोरी
हम सिउ-गौरी कै चिर जोरी

जरत-बरत मनई के मन का,
हमहीं सीतला बनि जुड़वाई,
जब दानव प्रचंड होइ दौरैं
हम दुर्गा-चंडी बनि जाई,
हमरी भलमनसाहत का
जिन समझ्या कमजोरी
हम सिउ-गौरी कै चिर जोरी

द्वितीय उत्थान

1900 से 2000 तक

द्रुत पाठ

बरवै

तहँ सन कौन इसनवा निजल निनार
परेउ सरित रिसपनवा विविध प्रकार।
छुट-बड़ सुघड़ पथरवा विविध प्रकार
गोल तिकोन चकरवा चारु-अकार।
कोसन सरित गरभवा अमित प्रमान
बिछि गे अरब खरबवा रतन समान।
सो सुहि-सैल चरनवा साजत साज
सेत असेत बरनवा उपल-समाज।
बिच बिच रेत बजरिया सेत सुहात
निरखत निपुन नजरिया रुकि रुकि जात।

—श्रीधर पाठक

अपने प्रकृति चित्रण के लिए बहुचर्चित। बरवै छंद में 'देहरादून' नामक ग्रंथ की रचना की। देहरादून और मसूरी जैसी रम्य जगहों के पर्वतीय सौन्दर्य का चित्रण उपरोक्त पंक्तियों में हुआ है।

आल्हा

घिन लागै अपने मनइन ते उनका पास न आवै द्यान
जो कोई भूल गाँव ते आवै वहिका आड़े हाथन ल्यान।
साफु कहित है हम ऐसन का सरगौ नरक ठेकाना नाहिं
बूड़ि मरी जो हम गंगा मा तो हत्या लागै हम काहिं।
जो हम जनतेन अस गति होई तौ हम हाय न छोड़तेन गाँव
भूखे चाहे मरित न लेइत भूलिउ कबौं सहर का नाँव।

—महावीर प्रसाद द्विवेदी

हिन्दी साहित्य के इतिहास का 'द्विवेदी-युग' इन्हीं के नाम पर पुकारा गया। इन्होंने 'कल्लू अल्हैत' के नाम से अवधी में भी कविताई की। बाद में कविता के लिए खड़ी बोली-हिन्दी के कट्टर समर्थक हो गये।

बरवै

आयउ प्रिय अमरैया गैयन साथ
पहुँचि न सकी लुगैया मींजति हाथ।
बिलखति खरी गुजरिया बिहरति नाहिं
निरखि गुलाब गजरवा प्रिय गर माँहि।
चमकति चपल बिजुरिया अलि चहुँ पास
काँपत मोर करेजवा उपजत त्रास।
पसरी निरखि जुन्हैया चन्दहि चाहि
कामिनि परी सेजरिया उठति कराहि।

—अयोध्या सिंह उपाध्याय 'हरिऔध'

ख्यातनाम कवि और खड़ी बोली-हिन्दी के प्रथम महाकाव्य 'प्रिय प्रवास' के रचनाकार। बरवै छंद की कविताई अवधी भाषा में की है।

1857 का संग्राम

गाँव केहूँ ते असंखनि पल्टनि आइ कढ़ी जब कीन्हीं बगावत।
देखन का मेहरी निकरीं देहरी पै खरी खोपरी खजुवावति।
ठोढ़ी धरे अँगुरी यक बोली यों भौंहें मिरोरति मूँड़ हलावति।
आवत है मन मोरे यहै अकि पीसि के दइया इन्हें को खवावति।

—जगदम्बा प्रसाद 'हितैषी'

कानपुर से ताल्लुक। खड़ी बोली-हिन्दी के साथ अवधी में भी छिटपुट रचना-कर्म।

हम न ससुर-घर रहबइ

नइहर चली जाब,
हम न ससुर-घर रहबइ।
यहि ससुरे मा बुरुस न पौडर,
लकड़ी न चबाब,
हम न ससुर-घर रहबइ।
यहि ससुरे मा चाह न बिस्कुट,
चटबइ नाहीं राब,
हम न ससुर-घर रहबइ।
यहि ससुरे मा मेज न कुर्सी,

भुइयाँ कैसे खाब,
हम न ससुर-घर रहबइ।
यहि ससुरे मा कलब न सिनेमा,
कहाँ बैठि समाब,
हम न ससुर-घर रहबइ।

—रामनरेश त्रिपाठी

नाम ही परिचय है। लोकसाहित्य के संग्रह का अभूतपूर्व कार्य। ताल्लुक सुल्तानपुर-अवध से। खड़ी बोली-हिन्दी में ढेरों कविताएँ।

दालि महरानी

तुम चुरौ दालि महरानी !
हरदी परे ते जरदी आई,
निमक परे मुसुक्यानी,
भात-भतार ते भेंट भई,
तब प्रेम-सहित लिपट्यानी !

—सूर्यकान्त त्रिपाठी 'निराला'

हिन्दी साहित्य के छायावादी दौर के अत्यन्त महत्त्वपूर्ण और बहुचर्चित कवि। इनकी खड़ी बोली-हिन्दी रचनात्मकता पर अवधी का संस्कार सघन है।

घन्त मन्त दुई कौड़ी पावा

घन्त मन्त दुई कौड़ी पावा
कौड़ी लै के दिल्ली आवा,
दिल्ली हम का चाकर कीन्ह
दिल दिमाग भूसा भर दीन्ह,
भूसा लै हम शेर बनावा
ओहसे एक दुकान चलावा,
देख दुकान सब किहिन प्रणाम
नेता बनेन कमाएन नाम,
नाम दिहिस संसद मा सीट
ओह पर बैठके कीन्हा बीट,
बीट देख छाई खुहाली
जनता हँसेसि बजाइस ताली,

ताली से ऐसी मति फिरी
पुरानी दीवार उठी
नई दीवार गिरी...

—सर्वेश्वर दयाल सक्सेना

बस्ती में जन्मे। मूलत: हिन्दी के कवि। अज्ञेय द्वारा सम्पादित 'तीसरा सप्तक' में शामिल

नूरजहाँ काया के जोती

हिरदे प्रेम प्रीति उलथानी।
प्रेमकथा अब लिखौं कहानी॥
कवन सो देस बसे जहँ मूरी।
जेहिके लखत होइ दुख दूरी॥
देखउ जदि काया के माहीं।
दूसर घाट अवर कहुँ नाहीं॥
काया माँझ नयनपुर घाटा।
देखेउ सरनदीप के बाटा॥
रूमखुतन काया के माँझा।
काया माँझ भोर औ साँझा॥
सब गढ़पति काया के माहीं।
दूसर ठाउँ लखौं कहुँ नाहीं॥
नूरजहाँ काया के जोती।
काया समुद सीप जहँ मोती॥

—ख्वाजा अहमद

सूफी कवि। इन्होंने 'नूरजहाँ' नामक सूफी प्रेमाख्यान काव्य रचा। प्रस्तुत अंश वहीं से है।

पद

बताओ गुरु मोहिका कब अपनइहौ?
जरत फिरत भय-ताप बस, कृपादृष्टि करि कब जुड़वइहौ
मोह निसा तम भ्रमत जीव मम, ग्यान दीप कब हृदय जलइहौ
दुसह दरिद्र दोष दुख दलिके, बिमल विवेक हृदय कब लइहौ
कुपथ अनेक फिरत मन भरमत, मारि-पीटि कब राह लगइहौ

परेउ अथाह असत जल माहीं, सत्य नाव कब मोहिं चढ़इहौ
जीव चराचर जे जग माहीं, सब मा कब तुम आप लखइहौ

—भगवान बख्श सिंह सत्यनामी

सत्यनामी सम्प्रदाय के संत रचनाकार। ग्रन्थ हैं—सत्यानन्द-प्रकाश और सत्यनाम दीपिका।

सास-पतोहू

सिसुकि-सिसुकि अस त्रिया कहैं। नित उठि गारी हम ना सहैं ॥ हरगंगा. ॥
बात बात मा झगरा होय। कहँ तक दुक्ख कहैं हम रोय॥ हरगंगा. ॥
बड़े भोरहरे देत जगाय। चौका बरतन लेत कराय॥ हरगंगा. ॥
पीसन कूटन बहुत करावैं। कहँ तक तुमका हम समझावैं॥ हरगंगा. ॥
नहीं बाप घर अस हम करे। हाथन हमरे छाले परे॥ हरगंगा. ॥
जो सुनिहैं कतहूँ हम ताता। तौ मुख पिटिहैं तुमरी माता॥ हरगंगा. ॥
ताते वहिका देउ समुझाय। नाहीं प्रलयकाल हुइ जाय॥ हरगंगा. ॥
ऐसी सासु पर गिरै न गाज। बिनवत देव तुम्हैं मैं आज॥ हरगंगा. ॥

—मनोहर लाल मिश्र

'रसिक मित्र' के सम्पादक और प्रकाशक। कर्मभूमि थी कानपुर। खड़ी बोली-हिन्दी के साथ अवधी में भी कविता-कर्म। रचनाकाल—बीसवीं सदी का पहला दशक।

कलकत्ता कांग्रेस

जबते सुनानि कलकत्ता कांगरेस मैहाँ
हियरा खरोचिनी गँधेवा केरि बोलिया।
तब ते साहब बहादुरन की छाती पर
चलै लाग मूसरु औ तंग ह्वैगै होलिया।
भोरी भोरी गोरी सब झोरी असबाबु बाँधि
भागै की जुगुति मा निहारै लगीं कोलिया।
सुनी हो 'ब्रजेश' मोरी जानि यहे कारन ते
भारत मा उड़ै लागीं उड़नी खटोलिया।

—ब्रजभूषण त्रिपाठी 'ब्रजेश'

इनका ताल्लुक सीतापुर-अवध से रहा। इन्होंने सुन्दर ग्रामगीत और राष्ट्रीय भाव की कविताएँ लिखीं।

चिरौरी

मलिकौ लगानु बढ़ि गवा है बहुतु तौनु
करिति चिरौरी कौनी तना निपटाइ लेव।
भैंसन का भूसा जियै खातिर बचाइ बाकी
कुल्लि सीर क्यार नाजु अधिया बँटाइ लेव।
आधा जौनु मिली द्याब तौने मा ब्यसार बढ़ै
वै मइहाँ साइत तौ बाकी मा पटाइ लेव।
यहौ जो न मानौ तौ कटावा सो कटावा हम
अब न कटउबै बस तुमहें कटाइ लेव।

—अवध बिहारी त्रिपाठी 'अवधेश'

ताल्लुक लखनऊ से। 'किसान कटौझनि' नामक अवधी काव्य-संग्रह। राष्ट्रीय चेतना के कवि।

का हुइहै!

ब्योपार करे जे मज़हब का ऊ साहिबे ईमां का हुइहै
सिख और ईसाई का हुइहै, हिन्दू औ मुसलमां का हुइहै।
रहबर जो रहैं इल्मी हुइगे शाइर जो रहैं फिल्मी हुइगे
जो आम रहैं कलमी हुइगे अब बारिसे इरफां का हुइहै।
उइ लूटि लिहिन हमरी बगिया उइ खाइ लिहिन सगरी अमिया
बस तन प लँगोटी बाकी है, अब चाक गिरेबां का हुइहै।
बरबाद गुलिस्ताँ करिबे का बस ऐकै उल्लू काफी है
जहाँ डाल डाल पर उल्लू हैं अंजामे गुलिस्ताँ का हुइहै।

—अलाउद्दीन साबिर

कानपुर की एक मिल में काम करते थे और कविताई भी।

बरवै

फुनगी लिहेसि पकरिया चारिउ ओर,
बहै फगुनिया झोंकिया अमवा-झोर।
रहि-रहि कै फहुनइया ढरकइ लागि,
हुर हुर सोझ कइतिया मरकइ लागि।
कस फहुनइया झोंकिया कहि का जाय,

एहि फुलवन कै झरिया सहि ना जाय।
कुलबुल करइ चिरइया भा भिनुसार,
कइगा लइगा नेहिया नगर-अधार।
बहकति बुलकि बदरिया ओरवति आय,
छलकति छयलि बिजुलिया उछरति जाय।

—श्याम तिवारी

अपने कविता-संग्रह 'दूबि-अच्छत' के लिए चर्चित जो 1959 में प्रकाशित हुआ था। ताल्लुक बस्ती जिले से।

चेतउनी

चेतु रे माली फुलवरिया के।

बड़े जतन से दूरि किहे तुयि, झाँखर-झार-कटीले
दयि दयि हिये रकतु सींचे रे, सुन्दर बिरिछ छबीले
रहि ना जाय गुलाब के धोखे, काँटा झरबेरिया के
चेतु रे माली फुलवरिया के।

सोचु कि मन मा क्यतने खोये, फूल-फरे फल-घउदा
क्यतने तोड़ पुहुप लयि डारिन, परुआ पाथर कउँधा?
अनगिनती मुरझान डार-क्वाँभा गुल-दुपहरिया के
चेतु रे माली फुलवरिया के।

दूरि छितिज के पार, देखु घिरतयि आवयि हरियारी
बउखा आवयि के पहिले, तुयि पोढ़ि बाँधि ले क्यारी
फूटि बहयिं न कगार, टुटहिले, थरुहन की थरिया के
चेतु रे माली फुलवरिया के।

नई फसिलि के नये फूल, खिलि महकावयिं संसारु
टूटि डार ते गूँथि बनयिं जो, देउतन के हिय-हारु
सूखि परागु सँजीवनु लयि, बिहरैं सँग पुरवइया के
चेतु रे माली फुलवरिया के।

—युक्तिभद्र दीक्षित 'पुतान'

अवधी में आधुनिक कविता के शीर्षस्थ कवि बलभद्र प्रसाद दीक्षित 'पढ़ीस' के सुपुत्र।

कवित्त

फूटि तकदीर मिली कबहूँ न पावा सुख
का करी उपाउ भगवान जब बावाँ भा।
हाइ रे गोसैंया भरि पेटु हम खावा कब
भूखेन के मारे पेटु तचि तचि आवाँ भा।
मांस का न नाउँ हाय, ठठरी भवा है तनु
मारे तकलीफन सरीर सूखि झावाँ भा।
कैसे तौ छियन्नी भुगतैबा हाइ राम कहौ
अबकी खरीफ मा न धानु भा न सावाँ भा॥

—चतुर्भुज शर्मा

ताल्लुक सीतापुर जिले से। कविताएँ किसान की दुर्दशा पर केन्द्रित।

आवा चुनाव

है गली-गली मा काँव-काँव
आवा चुनाव, आवा चुनाव।

जी पाँच साल तक उड़ति रहे, उइ लिहे सहाबा घूमति हैं,
जिनके दरसन का तरसि गयेन, उइ घर घर देहरी चूमति हैं
जी आसमान पर चढ़े रहैं, उइ सब धरती पर आये हैं
हमरे खातिन उइ कागद मा, फिरि 'रामराज' लिखि लाये हैं
ई महँगाई के सागर मा
कैसन कागद की चली नाव।

धरि खात रहैं जी कूकुर अस, उनकी बोली मा फूल झरैं
कौंसिल मा जी जूता फेंकिनि, उइ टोपी अपनि उतारि धरैं
जहँ जुलुम बढ़ा, अन्याव चलै, जहँ फैली चोरबजारी है
जहँ डाका-कतल धरम होइगा, खुलि घूमत भ्रष्टाचारी है
नेतन की चरनन की रज तें
अब सरगु बनी ऊ अपन गाँव।

सब आपन मुँह आपन करनी करि रहे न तनिकौ लाज सरम
कुर्सी-गद्दी-पद के खातिर सबके-सब दीन्हेनि बेचि धरम

कहुँ हिन्दी का गुनगान करैं, कहुँ उरदू की जयकार करैं
जैसन जमाति समुहे द्याखैं, वैसन वहिका सत्कार करैं
गुर्राय कबौ म्याऊँ ब्वालैं
तड़पैं, झड़पैं, बनिकै बिलाव।

मन्दिर-मस्जिद-गुरुद्वारा मा, कबहूँ सब मिलि अरदास करैं
कबहूँ बिरोध मा खड़े होयँ, कबहूँ लै पच्छु उपास करैं
है सबै धरम-निरपेच्छ, तबौ ई धरम-धरम चिल्लाय रहे
सब धरम सिखावैं सान्तिमंत्र, ई क्रान्तिदूत बनि आय रहे
ई रोजु मुखौटा बदलति हैं
इनकै रंग-बदलू हाव भाव।

कुछ दल-बदलू, कुछ दल-निकलू, कुछ गिरि-सँभलू अवसरवादी
कुछ मेवा खाय भये चीकन, कुछ पर है वादन कै बादी
सब पर चुनाव का चढ़ा भूत, सब सेवा-व्रत के हैं आदी
सब आपन दाँव चलाइ रहे, होइ रही देस कै बरबादी
जब चोर साहु का रूप धरै
तब कस धरती पर रही न्याव।

—लक्ष्मीशंकर मिश्र 'निशंक'

कवि के रूप में प्रसिद्ध। खड़ी बोली-हिन्दी में भी कई रचनाएँ की हैं।

कजरी

अइहै गाँधी कै सुरजवा
मजा खूब उड़ैबै ना...
गेहूँ केरी रोटिया भैया
दुइनिउ जूनी खइबै ना...
लरिका गइहैं कबित-कोंड़रिया
अब तौ करिब बेगरिया ना...
डरिबै खटिया पुरवैया मा
गोड़ पसारि कै सोइबै ना...
कानागोइया केरे कामे
अब ठेहुनवा जइबै ना...

जब तक पइबै नाय मजुरिया
तब तक ठेहुनवा जइबै ना...
नौकरसाही रजवा मिटिहैं
तालुकदरिया होइहैं ना...
आधी होइहै मालगुजरिया
तालुकदरिया होइहै ना...
आपन होइहै खेतिया पतिया
कौनौ का अहसनवा ना...
अइहै गाँधी कै सुरजवा
मजवा खूब उड़ैबै ना...

—राजबली यादव

ताल्लुक फ़ैज़ाबाद जनपद से। स्वाधीनता आन्दोलन में सक्रिय रहे।
आल्हा लिखने में कुशलता-प्राप्त।

टुकुरु-टकुरु देउरा निहारै बेइमनवा

निहुरे-निहुरे कैसे बहारौं अँगनवा,
टुकुरु-टकुरु देउरा निहारै बेइमनवा।

भारी अँगनवा न बइठे ते सपरै,
निहुरौं तो बइरी अँचरवा न सँभरै,
लहरि-लहरि लहरै, उघारै पवनवा
टुकुरु-टकुरु देउरा निहारै बेइमनवा।

छैला देवरु आधी रतिया ते जागै,
चढ़ि बइठै देहरी सरम नहिं लागै,
गुजुरु-गुजुरु नठिया नचावै नयनवा,
टुकुरु-टकुरु देउरा निहारै बेइमनवा।

गंगा नहाय गईं सासु ननदिया,
घर मा न कोई मोरे-सैंया बिदेसवा,
धुकुरु-पुकुरु जियरै मा काँपै परनवा,
टुकुरु-टकुरु देउरा निहारै बेइमनवा।

रतिया बितायउँ बन्द कइ-कइ कोठरिया,
उमस भरी कइसे बीतै दोपहरिया,
निचुरि-निचुरि निचुरै बदनवा पसिनवा,
टुकुरु-टकुरु देउरा निहारै बेइमनवा।

लहुरे देवरवा परउँ तोरि पइयाँ,
मोरे तन-मन मा बसइँ तोरे भइया,
सँवरि-सँवरि टूटै न मोरे सपनवाँ,
टुकुरु-टकुरु देउरा निहारै बेइमनवा।

माना कि मइके मा मोरि देवरनिया,
बहुतै जरावै बिरह की अगिनिया,
आवैं तोरे भइया मँगइहौं गवनवाँ,
टुकुरु-टकुरु देउरा निहारै बेइमनवा।

तोरे संग देउरा मनइहौं फगुनवा,
जइसे विरनवा मनावैं सवनवाँ,
भौजी तोरी मइया तू मोरा ललनवा,
टुकुरु-टकुरु देउरा निहारै बेइमनवा।

—लवकुश दीक्षित

ख्यातनाम अवधी कवि पढ़ीस के सुपुत्र। कई बेहतरीन गीतों के रचनाकार।

द्याखौ कस आइ जमाना गा

द्याखौ कस आइ जमाना गा, मनई मनई का रहे चूसि
भे लाल-लाल अंगारु अईस, हम सबके घर का मूसि मूसि
हमरी तौ भूखन के मारे, आँतइ करती हइँ हुकुरु हुकुरु
तुम हेलुआ पूरी छकौ बैठि, हम तुम तन चितई टुकुरु टुकुरु
तुमरी उइ फैसन झारि-झारि, सबते खेल बखरी करती हैं
हमरी उइ ज्याठ दुपहरी के, घामे मा मरती जरती हैं
भगवान जलमु दीन्हिसि उनका, पलना मा सीसी चुसकति हैं
पैदा उनहुन का किहिसि राम, जी मैदानन मा सिसकति हैं
तुम महलन मइहाँ करौ मउज, हम पालन मा हन काँपि रहे

तुमरे कपड़न के ढ्यार लाग, हम चिथरन मा तनु झाँपि रहे
हम पैदा करी मसक्कति ते, तुम तिकड़म ते हौ रहे लूटि
काला बाजारी महँगाई, तुमका सब वरते खुली छूटि
हम रकतु पसीना का बहाय, धरती मा होमित है परान
तुम करौ मिलावट सब तनकी, ताकौ द्वसरे का धनु बिरान
तुम परी सुन्दरी लै टहरौ, हम झंखिति बौनी बाँठी का
तुम मेवा मिसिरी रहेव झाड़ि, हम निरखित अपनी टाठी का
लछिमी जी जनमी हमहे ते, मुलु हमते रहती बहुत दूरि
तुम लछिमी पति हौ कहे जाति, हम तुमरे पायन केरि धूरि
तुम भारत भाग्य विधाता हौ, हम कँगला दुखिया दीन हीन
हे राम खबरि हमरिउ लेतिउ, हम कउन अइस अपराध कीन
कइ रहे देस का जी गारद, उनहे की तूती रही बोलि
है नाव पाप की बोझि रही, सुन लेउ बिधाता कान खोलि
भोले बाबा का रहेउ सोचि, ई भ्रष्टाचार निहारौ तौ
ई भवसागर ते करौ पार, अब तीसर नैन उघारौ तौ

—विजय कुमार पांडेय

'डिंडकार' नामक इनका अवधी कविता-संग्रह चर्चित रहा। ताल्लुक सीतापुर जनपद से।

सुनि ले अरजिया हमार हो गंगा जी

हथवा मा फूल, नयनवाँ मा विनती,
सुनि ले अरजिया हमार हो गंगा जी।

देहियाँ कै दियना, परनवाँ कै बाती
झिलमिल-झिलमिल बरै सारी राती।
तबहूँ न कटै अन्हियार हो गंगा जी,
सुनि ले अरजिया हमार हो गंगा जी।

नगर पराया, डगर अनजानी
मनवाँ मा अगिनि, नयनवाँ मा पानी।
कब मिली अँचरा तोहार हो गंगा जी
सुनि ले अरजिया हमार हो गंगा जी।

केहू नाहीं केहुके विपतिया कै साथी
दिनवाँ कै साथी, न रतिया कै साथी।
सुनै केहु न केहु क गुहार हो गंगा जी
सुनि ले अरजिया हमार हो गंगा जी।

काउ कही गुलरी क फूल भये सुखवा
मनई न बूझै, मनई क दुखवा।
छन-छन धोखवा कै मार हो गंगा जी
सुनि ले अरजिया हमार हो गंगा जी।

सीत-घाम-बरखा मा बरहो महिनवाँ
राति-दिन एक करै खुनवाँ पसिनवाँ।
तबौ रहै देहियाँ उघार हो गंगा जी।
सुनि ले अरजिया हमार हो गंगा जी।

पिठिया पै बोझ लिहे, पेटवा माँ भुखिया
दिन-राति रोटी बदे, जूझा करै दुखिया।
तबहूँ न मिलत अहार हो गंगा जी
सुनि ले अरजिया हमार हो गंगा जी।

पियरी चढ़ावै तोहइँ, गउवाँ कै गोरिया
छीछिल पनियाँ मा खेलै छपकोरिया।
धरती कै राजकुमार हो गंगा जी
सुनि ले अरजिया हमार हो गंगा जी।

जाने कब आँखि खोलि अंहगरे निहरिहैं
जाने कब गउवाँ क दिनवाँ बहुरिहैं।
कब मिली यनका अहार हो गंगा जी
सुनि ले अरजिया हमार हो गंगा जी।

—रूप नारायण त्रिपाठी

हिन्दी और अवधी के समर्थ गीतकार। ताल्लुक जौनपुर से।

हमहीं जवान हमहीं किसान

आँधी बौहर छाई छोपी, भुइँ चिन्ता ना हरियरि झुरान
माटी पथरे कै खेलवइया, हमहीं जवान हमहीं किसान

हम अही पहरुआ मेंड़े कै,
आखी कूला हाथे कुदारि
झूरा बूड़ा पगड़ी बाँधे
अपुना देखी आपन सेंवारि

हम भंडारी कहवाई ना केउ दूसरे के सीधा पिसान

पुच्छल तरई एस हर हमार
चमकै कुदारि जैसे चानी
रतिया औंघाई जौ आवै
हम लोह चबाय पियी पानी

देहियाँ होइ मोर बरूद जाइ पाती विरछा जौ कनमनान

ओधै ना माघ विनौरी कुछ
ना बहकावै फगुनी बयार
ठतियाइ लूक नाहीं देहियाँ
बाघे कै संका ना बिलारि

बदरा गरजै बिजुरी चमकै लौगहिया लागत रहै धान

जे खोट लखै घर का हमरे
ओ कै लेई आँखी निकारि
नरके मा पुरखा परैं कबौ
भुइयाँ लेई गंगा उतारि

मुल अनभल चाही ना केउ कै, हम रकत पसीना कै परान
माटी पथरे कै खेलवइया, हमहीं जवान हमहीं किसान।

—ओंकार नाथ उपाध्याय

आधुनिक अवधी कविता में गेयता लाने वाले महत्त्वपूर्ण कवि। ताल्लुक प्रतापगढ़ से।

मदमाता पपिहरा

मदमाता पपिहरा बोलइ रे, मदमाता पपिहरा...

बागे-बगीचा बहै पुरवाई
बँसवा के बाहीं उठै अँगराई
निमिया के बेनिया डोलइ रे, मदमाता पपिहरा...

पूरब के राहे बदरिया आवइ
साँझ-सकारे दुअरिआ आवइ
गाँठि हिया के खोलइ रे, मदमाता पपिहरा...

बदरा के छाँही उड़इ लागे कजरा
बेला के बाहीं खिलइ लागे गजरा
तिरुन-तिरुन तन तोलइ रे, मदमाता पपिहरा...

बुनियाँ के घूँघुर बजइ जागे अँगना
बीजुरि कलइया चमकि रहे कँगना
अंगुर-अंगुर मोती डोलइ रे, मदमाता पपिहरा...

रतिया के भावइ सघन अन्हिअरिया
दिनवा अकासे उड़ै हरियरिया
कोइलरि के 'कुहू' अनमोलइ रे, मदमाता पपिहरा...

सपनन के पाती बहइ मोरे पँखिया
अँसुवन के ओरी चुअइ मोरी अँखिया
बिरही परनवा हौलइ रे, मदमाता पपिहरा...

—श्रीपाल सिंह 'क्षेम'

हिन्दी और अवधी दोनों भाषाओं में रचनाएँ कीं। ताल्लुक जौनपुर से।

अँजोरिया मा गाँव

बड़ा नीक लागै अँजोरिया मा गाँव

धीरे-धीरे उतरि के चली है अँजोरिया, अस नीक लागै जैसे सजल सुगोरिया
चली आवै धीरे-धीरे धइ-धइ पाँव

नखत की नाहीं रात खिली रातरानी, डँड़वा कै मेहँदी जहिउ अरघानी
गम गम गमकै चलै पछियाँव

निरमल जलवा से भरी पोखरिया, बइठ अँजोरिया खेलइ छपकोरिया
बिहँसि कुमुदिया निहारइ ठाँव-ठाँव

दिनवा कै तपनि बुझावै अँजोरिया, ननदी खिझावै बैठी भउजी का दुवरिया
लयि लयि भैया के सारे कै नाँव

ऐसी अँजोरिया मा रधिया कै मनई, संगे-संगे बइठ के निकारे रहै सनई
सहज सनेहिया मा नाहीं पेंच दाँव

निकरी अँजोरिया का देखिके किसनवा, नाहीं जानै रतिया न जानै बिहनवा
हरवा बयल लइके करै दाहिन बाँव

अइसी अँजोरिया से भरी खेतरिया, मौज उड़ावै बैठे सम्भु कै सवरिया
भैरौं कै सवारी 'श्रीश' करै हाँव हाँव

—दूधनाथ शर्मा 'श्रीश'

जौनपुर से ताल्लुक। कई दशकों तक हिन्दी व अवधी में रचनारत रहे।

फगुनहटी

गये बगिया-बिरिच बौराय,
आइगे दिन फागुन के
कोइली डरिया पै रहीं कुकुवाय,
आइगे दिन फागुन के

गाल फुलाये मटरी झूमैं चना ठाढ़ ठुनक्याय
जौ गोहूँ संग मोछ तिलारै अरसी रही रे मुस्क्याय
आइगे दिन फागुन के

मसुरी कहै किसनऊ तेनी लै चलौ बिदा कराय
दौंरी करौ कहै खरिहनवा अरहरी अँगुरी रही देखाय
आइगे दिन फागुन के

धा तिरकिट तक सबै पतौना तबला रहे बजाय
कामराज बुढ़नौ के ऊपर रहे हैं बान चलाय
आइगे दिन फागुन के

पाँचू-बुधई-रँगई-मतई ढोल रहे ठिमक्याय
सर रर रर रर कहैं कबीरा रहे हैं धमारैं गाय
आइगे दिन फागुन के

—हरिभक्त सिंह 'पँवार'

प्रकृति चित्रण के अच्छे कवि। ताल्लुक बहराइच से।

आवा बसंतु

आवा बसंतु, आवा बसंतु

टेसुन मा आगी बरै लागि
लखि भीर भौंर की जुरै लागि
हँसि परी प्रकृति पाटम्बर सजि
क्वैली कू कू स्वर भरै लागि
आवा बसंतु, आवा बसंतु

छिति पर छवि छहरी हरी-भरी
चिरई सब मिलि गावत निकरी
चातक की कौनु कहै भैया
रट पी पी की जनु वाट परी
आवा बसंतु, आवा बसंतु

फुलवा फूलैं बनि ऊलि ऊलि
कोमल डारन पर झूलि झूलि
दिनु दिनु छिनु छिनु बाढ़ै हड़ै घामु
बरग्यलिया ल्वाटै धूलि धूलि
पियराइ उठा सब दिग-दिगन्तु
आवा बसंतु, आवा बसंतु

—सत्यधर शुक्ल

इनका ताल्लुक लखीमपुर खीरी से है। 'ध्रुव' काव्य से चर्चित।

डोले फगुनी बयार

महकै भोरही सपनवाँ
खनकै बैरी हो कँगनवा
डोले फगुनी बयार...

अमवाँ की गाँछी-गाँछी, मँजराई डरिया
सुधिया कऽ बीन बाजै, मन महुवरिया
बाजै बनपँखिया कऽ मौसमी सितार
डोले फगुनी बयार...

टेसुआ फुलाने, ओठे दहकइ अगिनियाँ
गदरी ढकुलिया कऽ खुलि गै मौनियाँ
भँवरा-भँवरिया कऽ रितु गुंजार
डोले फगुनी बयार...

मटकै सेवान, ओढ़े गाढ़ी हो चुनरिया
घुँघटा के ओट झाँकइ, सरसों पियरिया
पपीहा बिरावै टीहूँ-टीहूँ सीटी मार
डोले फगुनी बयार...

घन बँसवरिया में कुहकै कोइलिया
बिरहा कै पाती बाँचें, सखिया,सहेलिया
खनकै बिरहिया सनेहिया कऽ तार
डोले फगुनी बयार...

—गीता श्रीवास्तव

प्रकृति चित्रण से सम्बन्धित सुन्दर लोकगीतों की रचना इन्होंने की है।

बरसाति

बदलि गै अबकी कै बरसाति
रहि रहि जिय घबराति

धन्नी टूटि पनारा गिरिगा
कोठरी मा सब पानी भरिगा
अंधाकुप्प मा सूझि परत नहिं
काटे कटति न राति
बदलि गै अबकी...

भरे अड़ाना हैं धन्निन मा
टपकैं राति औ टपकैं दिन मा
इधर-उधर सकिलावति घूमैं
राति घरैतिन खाटि
बदलि गै अबकी...

भीगि तखत की गै रे रजइया
लचिवौ बेलि उड़ि गै रे चिरइया
इधर उधर उइ सबियाँ होइगे
कटे बेलि के पात
बदलि गै अबकी...

गोहूँ भीज, भीजि गै गोजई
कइसे बीज बवै का जोगई
टपका ते हैरान बेटउनू
ढूँढ़त फिरत परात
बदलि गै अबकी...

—घूरूप्रसाद 'किसान'

अच्छे लोकगीतकार। ताल्लुक उन्नाव से।

गीत

बिगड़ी जिनिगिया बनाइ के जियब
रोइ रोइ नाहीं गाइ गाइ के जियब

बहुतै दिनवा अँजोरिया का तरसे
अब त अँजोरिया जगाइ के जियब
अन्हियरिया मा दियना जराइ के जियब

एही तुफनवा दियनवा बुझाये
बदरा बेदरदी बजरवा गिराये
छनिया छपरवा क ढलिया बनौबै
कथरी कमरिया परनवा बचाये

गिरि जाए भितिया उठाइ के जियब
उड़ि जाए छनिया छवाइ के जियब

कोठिया बँगलवा के छहियाँ न जाबै
मड़ई मा ढोलिया बजाइ के जियब
अन्हियरिया मा दियना जराइ के जियब

—रामलखन यादव 'अनपढ़'

आकाशवाणी के कुशल कलाकार। ताल्लुक जौनपुर से।

धरती

धरती कै साज-सिंगार देख
सरमाय बिजुरिया बादर से
धीरे-धीरे पुरवा बयार देख
सरमाय बिजुरिया बादर से।

माथे पै चन्द्र सुघर चमकै
आँखिन मा इंद्रधनुस दमकै
कसमीरी छटा लिलार देख
सरमाय बिजुरिया बादर से।

गरे पहिरे हार सुघर सुतिया
जस गिरी के हाथन मा नदिया
जहँ चलै मचलती धार देख
सरमाय बिजुरिया बादर से।

माटी मा हरियारी छहरी
है पहिरे सारी हरी-भरी

चमकीली सुघर किनार रेख
सरमाय बिजुरिया बादर से।

मन राम स्याम का बृन्दाबन
जहँ मोर-मुरइलन कै नर्तन
परवना सतरंगी सँवार देख
सरमाय बिजुरिया बादर से।

बिछुआ-असकटिमाविन्ध्याचल
रामेश्वर मा बाजै पायल
रहा सागर चरन पखार देख
सरमाय बिजुरिया बादर से।

—काका बैसवारी

मूल नाम सूर्यप्रसाद द्विवेदी। इनका सम्बन्ध जनपद उन्नाव से रहा है।

गीत

बागन बागन कहै चिरैया
होइ जाओ हुसियार
जमाना जालिम है।

नदी पियासी ख्यात भुखाने
बिरवा सुलगैं तर ते
डग्ग-डग्ग पर भारत
माफी माँग रहा डालर ते
    दिन पर दिन गरमाय रहा है
    लासन क्यार बजार
    जमाना जालिम है।

पूँजी के पंजन मा फँसिगै
बया जइस या धरती
कट्टाधारी रोजु होति हैं
राजनीति मा भरती

होरी धनिया की नट्टी पर
टेइ रहे तलवार
जमाना जालिम है।

कउनौ अजगरु लीलि रहा है
हरियाली खुसहाली
गंगा बनिगै जइसे
मइला ढ्वावै वाली नाली
अमरीका बदर ते छूटै
तेजाबी बौछार
जमाना जालिम है।

समय जुझारू बाजा जइसन
आजु बजि रहा भइया
नई लड़ाई बल्दी फिर
मैदान सजि रहा भइया
याक जंग फिरि लड़िबै
चाहे गुजरैं बरस हजार
जमाना जालिम है।

—सुशील सिद्धार्थ

खड़ी बोली-हिन्दी के व्यंग्यकार। अवधी में 'बिरवा' नामक पत्रिका के सम्पादक रहे हैं।

सिटी बस

यहै सिटी बस हवै
भीड़ ठसाठस हवै

ज्याबै कोउ सफा करै
गोड़ु कोउ धरि कचरै
बाहेर बउखा ठर्रनि
भीतर उमस हवै

नौकरी करै जइहैं
लउटि सब घरै अइहैं

मजबूरी सबकै है
आदमी बेबस हवै

चहै तहाँ फेल करैं
चहै खतम तेल करैं
सरकारी पट्टा है
सब उनके बस हवै

—भारतेन्दु मिश्र

अवधी के महत्त्वपूर्ण कवि-कथाकार। ताल्लुक लखनऊ से।

गजल

फुर बात जवन होइहै बस वहै कहा जाई,
अब घर दुआर छूटे बगिया मा रहा जाई।

ठेंगे से जौ गर्मी है रस्ता मा कयामत के,
जुल्फी के तरे ओनकी समथाय लिहा जाई।

एक रोज गयन हमहूँ सरकार की महफिल मा,
जौ रंग हुवाँ देखा हमसे न कहा जाई।

आवै दे जौ आवत है मयखाने मा ओ साकी,
एक जाम मा जाहिद का समझाय दिहा जाई।

सोना के वजन गल्ला, चाँदी के वजन सब्जी,
सुरमा के वजन सिरमिट हमसे न लिहा जाई।

कब ताईं जुलुम सहबै इन अत्याचरीवन कै,
अन्याय कै हद होइगै अब चुप न रहा जाई।

नेगे मा नउनिया का नेता के बियाहे मा,
खद्दर कै बस एक जोड़ा बनवाय दिहा जाई।

उठते ही नजर उनकै दिल खाय कलाबाजी,
अब उनके दिवानन मा नाम हमरौ लिखा जाई।

हम तिस्ना बलब कब ले हउली मा पड़ा रहबै,
नाहीं न जो पैमाना चुल्लू से पिया जाई।

अबकी जौ कबौ देखिस ऊ घुइर के बुलबुल का,
सइयाद का पेड़े मा लटकाय दिहा जाई।

तुम सेर औ' गजल आपन रक्खे रहौ थैली मा,
जल्दी बा हमैं जाहिल फुर्सत मा सुना जाई।

—जाहिल सुलतानपुरी

मुशायरों में खड़ी बोली के कविता पाठ के दौरान अवधी रचनाओं की भी प्रस्तुति करते रहे।

बाटै बड़ी चिबिल्ली दिल्ली

हियाँ न केवकै, केव सुनवैया, अपुनै मा है ता ता थैया
देखा जनता की छाती पै सोझै धरी बबुर कै सिल्ली
बाटै बड़ी चिबिल्ली दिल्ली।

बिना गाल के गाल बजावैं नवा नवा फरमान सुनावैं
पूछैं पाँड़े काव निकारी पहिले पिल्ला पाछे पिल्ली
बाटै बड़ी चिबिल्ली दिल्ली।

केऊ महल मा केऊ टहल मा
केउ मोटान मा केउ मरघिल्ली
बाटै बड़ी चिबिल्ली दिल्ली।

झुग्गी मा झोपड़ी मा दिल्ली बड़ी-बड़ी खोपड़ी मा दिल्ली
लालकिला मू गोड़ बढ़उतै रस्ता काटि दियत कै बिल्ली
बाटै बड़ी चिबिल्ली दिल्ली।

—जगदीश पीयूष

भारतीय राजनीति में चर्चित 'गाँधी परिवार' के कई सदस्यों पर इन्होंने किताबें लिखीं। 'अवधी ग्रंथावली' का सम्पादन किया। ताल्लुक अमेठी से।

आपन-आपन करम-कमाई

सबर करा ई आपन-आपन करम-कमाई बाबू जी
के देखिस कब चोर-पुलिस मा हाथापाई बाबू जी
जवन उठा लुंगाड़ा छिन मा टोला जरि के राख भवा
एकादसी का लरिकै खेलेन हड़ाहड़ाई बाबू जी
चिन्ता के भेड़हा के आगे खावा-पिया हेराय गवा
अब अइसे मा तुहीं बतावा कती मोटाई बाबू जी
कक्कू की सादी कै जूता बहुत चला मुल फाटि गवा
अब गोड़े मा काँकर अस भेहलान बेवाई बाबू जी
यहि तंगिउ मा हमसे बढ़िके चौब्वा कै उपकारी के
नीलगाह से ग्वैंड़े कै खेती चरवाई बाबू जी
यहि जोआ मा अरे बाप ई सौक-सिंगार घरइतिन कै
यऊ रहीं बस हमरिन ताईं धरी-धराई बाबू जी
जिउ के आँते जहर कै गोली काल्ह 'देहाती' खाय गवा
का जानिस कि नकली निकरे इहौ दवाई बाबू जी

—अनीस देहाती

अवधी में कई अच्छी गजलें इन्होंने लिखीं। ताल्लुक प्रतापगढ़ से।

पूत भये पर बम्ब दगै

पूत भये पर बम्ब दगै बिटिया के भये जनु टूटी समानी
दूध मलाई कटै बेटवा पर बेटी के भाग मा पाथर पानी
अन्त समय जब बाप कै आई तौ पूत बिदेस रहैं मनमानी
वाम गती बिधना कै कही बिटिया मुँह डारति बाप कै पानी।

—रामनरेश यादव

'किसान कवितावली' नामक अवधी कविता-संग्रह। ताल्लुक फैजाबाद से।

मड़इया

ई ऊँचे महलवन से भइया नीकि लागइ
हमारि घास-फूस की मड़इया नीकि लागइ।

भीती देवालय हइँ अरहरि की टटिया
टुटला खटोलवा हइ फुटली हइ लोटिया
खुलिकइ अँगनवा मा लागइ बयरिया
छपरन से छनि-छनि आवइ उजेरिया
गरमी मा कइसन पुरवइया नीकि लागइ
हमारि घास-फूस की मड़इया नीकि लागइ।

उनके महलवन मा लागी बिजुलिया
छिनही पइ चली जाइ कइ कइ अँधेरिया
हमरी मड़इया मा माटी का दियना
कपड़ा की बाती बरति सारी रैना
अँगना मा नखत जोंधइया नीकि लागइ
हमारि घास-फूस की मड़इया नीकि लागइ।

ललना महलवन के ख्यालइँ खेलउना
हमरे ललनवा खेलावइँ पिलउना
उनके पिलास्टिक के बाघ-बघउना
हमरे लला द्याखैं असली बिलउना
छपरा पइ बैठि चिरइया नीकि लागइ
हमारि घास-फूस की मड़इया नीकि लागइ।

आधी पियलिया से मुहिका उइ जारइँ
हमरे तौ गगरा भरि सरबतु डकारइँ
हलुआ पर्याउन से पेटु रहइ बिगरा
ग्वाड़इँ कुदरिया जनम दुइ ठिकरा
भूखे मा अकरी क्वदइया नीकि लागइ
हमारि घास-फूस की मड़इया नीकि लागइ।

जिनके सजन गये पइसा कमावइ
गद्दा मसेहरिन पइ निंदिया न आवइ
सँग होइ सजनवा तौ फटही चटइया
निचुला बिछौना औ गुदरी रजइया

रतिया का दसनी पेंवदहिया नीकि लागइ
हमारि घास-फूस की मड़इया नीकि लागइ।

—फारूख सरल

इनका ताल्लुक लखीमपुर खीरी से है। मंचीय कविता के सफल नाम।

ना रुकौ ठिठुकि अब बढ़े रहौ

भारत भुइं तुम्है बोलाय रही, ना रुकौ ठिठुकि अब बढ़े रहौ
झाखरु कटिगा मुलु ठूंठु ऐसि, अब ना ख्यातन माँ खड़े रहौ

सोने कै चिड़िया माटी भै, कुछु मति हमारि अस काटी गै,
सत मंजिला कै बसि नींव सुनौ खाली बरुआ ते पाटी गै,
ढहि गईं मंजिलै अलग न तुम निचली मंजिल माँ पड़े रहौ
ना रुकौ ठिठुकि अब बढ़े रहौ

भुइं मोरि चन्दरमा ऐसि रहै, मुलु राहु-केतु सब गाँसि लिहिन,
परदेसी चतुर चिरैयन का चुपके लासा मा फाँसि लिहिन,
अब इधर बढ़ौ या उधर बढ़ौ, ना चौराहे पर खड़े रहौ
ना रुकौ ठिठुकि अब बढ़े रहौ

तुम्हरे असि जूनन के द्वारा जो मानवता का बोझु बँधा,
वहु छूटि बिथरि गा मुला तबौ जूना अस ऐंठबु तुम्हैं सधा,
चिलवलि की तितुली जैसे तुम ना हवै हवा मा उड़े रहौ
ना रुकौ ठिठुकि अब बढ़े रहौ

मँगता कुबेर के लरिका भे, हथिनी के पैदा मूसु भवा,
उइ काँटा पांयन सालि रहे जिनके बेरवा हम खुदै बोवा,
बिनु मढ़े ढोलकिया ना बाजै सो बार-बार तुम मढ़े रहौ
ना रुकौ ठिठुकि अब बढ़े रहौ

तुम पाँच रहौ अब अनगिनतिन, च्यातौ अब तत्त्व बिचारि लेव,
अपनत्व छूटि गा दुनिया ते, अब आपन स्वत्व सँभारि लेव,
तुम गदहा, घोड़ा के संकर, खच्चर पर अब ना चढ़े रहौ
ना रुकौ ठिठुकि अब बढ़े रहौ

तुम का कुपंथ कै अमरबेलि हरियर बेरवा असि झुरै दिहिसि,
मेहनति तुम्हारि सब फुरि होइगै, बिसु भरा घाव कोउ दुखै दिहिसि,
अब सजग होउ ना माटी के माधौ बनिकै तुम परे रहौ
ना रुकौ ठिठुकि अब बढ़े रहौ

—उमेश चौहान

हिन्दी साहित्यकार के रूप में अधिक चर्चित। अवधी में रचनाएँ। ताल्लुक लखनऊ से।

हड़-हड़ कौव्वा रे

हड़-हड़ हड़-हड़ हड़-हड़ कौव्वा रे
बापू एक कमावै वाला सारा देसै खौव्वा रे
हड़-हड़ हड़-हड़ हड़-हड़ कौव्वा रे

नासि करौ तुम फसल ख्यात मा
मुसवा मुसय बखारी
लूटैं नेता पुलिस दरोगा
घूसखोर पटवारी
हमरे हाथ के कौरा परिहाँ सबहीं दाँव लगौव्वा रे
हड़-हड़ हड़-हड़ हड़-हड़ कौव्वा रे

आजु मंतरी डाकू पालैं
कातिल चोर जुआरी
करैं मिलावट सब चीजन मा
बड़े-बड़े ब्यापारी
नकली खाय दवाई मरिगे हमरे बड़के दौव्वा रे
हड़-हड़ हड़-हड़ हड़-हड़ कौव्वा रे

सूखा बहिया का धन पी गये
तहसीली कै अफसर
घरौ गिराइ के पैसा मारिस
मंत्री जी का लस्कर
खाइ के मुर्गा झूमि रहे हैं पी दारू के पौव्वा रे
हड़-हड़ हड़-हड़ हड़-हड़ कौव्वा रे

साठ बरस के नेता बाबा
बीस बरस की दाई
लइके द्यास-बिद्यास घुमावैं
फारेन टूर हवाई
बाहर की बैंकन मा घुसे भरि-भरि सोना झौव्वा रे
हड़-हड़ हड़-हड़ हड़-हड़ कौव्वा रे

—निर्मल दर्शन

मूल नाम निर्मल वर्मा। नब्बे के दशक में कवि-सम्मेलनों में यह लोकगीत श्रोता खूब सराहते।

खराऊँ वाला नाग

धर्म मा जौ राजनीति लावत मनीषि गन
मानौ अमराई मा बबूल का लगावत हैं।
जाति पाँति वर्ग भेद भावना उमंग भीर
तमस तरंग के भुजंग का जगावत हैं।
एकता अखंडता की प्रीति रीति भूलि हाय
मानवीयता के विपरीत गीत गावत हैं।
सदियन से प्यार मा गुँथाये पुहुपन हार
धर्म के नवीन ठेकेदार अलगावत हैं॥

जातिवाद, वर्गवाद, भासा अउर धर्मवाद
देस औ बिदेस कै बिबाद न पटान बा।
राम रहिमान वाला बेद औ कुरान वाला
अबहीं पुरान झगरा न निपटान बा।

साँच अनुराग रूपी चन्दन की डार पर
फन पै खराऊँ वाला नाग लिपटान बा।
गाँधी के सुराज वाली अउर रामराज वाली,
सोने वाली चिरई पै बाज लिपटान बा॥

—ब्रह्मदेव यादव 'मधुकर'

छंदों को रचने में सिद्ध अवधी कवि। ताल्लुक फैजाबाद से।

तृतीय उत्थान

2000 ई. से अब तक

मूल पाठ

रमाशंकर यादव 'विद्रोही'

1957 ई. में सुल्तानपुर-अवध में जन्मे रमाशंकर यादव 'जनकवि विद्रोही' अवधी में कविता न करते तो वह आश्चर्य होता! बाहर-भीतर इतना देसी ठाठ का व्यक्ति अपनी मातृभाषा में कविता कैसे न करता। जेएनयू—नई दिल्ली से उच्च शिक्षा पाने वाले विद्रोही वहीं के हो गए। उनकी अवधी रचनाओं को उसी तरह सहेजा जाता, जैसे हिन्दी की, तो उनका हिन्दी से बड़ा अवधी रचनाओं का संग्रह बनता। यह नाचीज उनसे ढेरों अवधी रचनाएँ सुन चुका है, इसलिए ऐसा कह रहा। विद्रोही कविताएँ लिखते नहीं थे, जिह्वा पर ही रखते थे, इसलिए जाने कितने अवधी बिरहे उनके साथ ही चले गए । (दिवंगत हुए 2015 ई. में)। उनकी हिन्दी रचनाओं का संकलन है 'नयी खेती'। इसमें कुछ अवधी रचनाएँ हैं। कई यहाँ पहली बार पेश की जा रही हैं। यह महत्त्वपूर्ण है कि अवधी के आधुनिक काल के तृतीय उत्थान में हमारे साथ विद्रोही जैसा कवि है।

कवन हम बिरहा गाई

कवन हम बिरहा गाई लोरकी औ भोरकी
कहाँ ले चिन्हाई तोहंय गोरकी सँवरकी
मारा जइहैं कंस जनमाई जइहैं देवकी
कुलि बलिहारी हईं अपनी अदति की
जानत बाट्या मीत कुलि हमरी अदतिया
घर औ दुआर जाना सुख औ बिपतिया
कवन कही कुसल बाबू कवन कही हलिया
एकठे रहा चना ओहमे दुइठे होइ गय दलिया
दलिया के बिचवा में दलिया कय अँखिया
बजर परै बिधना ढपोर तोरी चकिया

रखिहा खियाल मोरी दोखही सुरतिया

गाए बिना जिनगी कटे ना मोरे मितवा
आवा हो छेड़िय कवनव बिरहा कइ रगिया
मानि जइहैं मनवाँ जुड़ाइ जाए जियरा

छन भै बुताइ जाए छतिया कै अगिया
केहू त बूझिहैं मीत मन कै दरदिया
केहू त बनिहैं मोरे जुग कै कन्हइया
एइसय बाटै उठत गिरत इतिहसवा
मिटै नाहीं पइहैं तोरी दुनिया कै नइया
बनी रहे एइसय बाबू नेकिया नियतिया
बना रहे जियरा होइहैं मुलकतिया
कवने गुनहिया भुलाइ दिहा मितवा
रखिहा खियाल मोरी दोखही सुरतिया

महतारी

ऊपर असमान बाटइ निचवा महियवा
महइ महतारी मोरी बिचवइ दहियवा

घुमइ दे मथानी अम्मा नाचइ दे दुनियवा
रिसी नाचइँ मुनी नाचइँ ओझवा गुनियवा
नाचइँ भगवान येनकइ झुठवा सहियवा
महइ महतारी मोरी बिचवइ दहियवा

राजा नाचइँ बाबू नाचइँ पुलिस औ सिपहिया
गुरु औ पुरोहित नाचइँ होमिया करहिया
सेठ साहूकार नाचइँ खतवा बहियवा
महइ महतारी मोरी बिचवइ दहियवा

नाचइ सरकार एनकइ टिकली दललिया
ताज नाचइ तकथ नाचइ किलवा महलिया
नाचइ एनकइ पाप मूड़े जइसे पहियवा
महइ महतारी मोरी बिचवइ दहियवा

बिचवा अकासे मइया बारि ले दियनवा
खरइ देइ मसका माई पसइ दे घियनवा
रहि जातीं लाज तोरिउ हमरिव कहियवा
महइ महतारी मोरी बिचवइ दहियवा

सिरताजी अइया

निक निक मनई चला गए सउँकेरवइ
जिया थें मउतिया जीति के अपराधी
मरि त गइन सिरतजिया चमाइन
गउवाँ के नतवा लगइँ जी मोरी आजी
मचिया बैठि मोरी घटिया बिठावइँ
कुथरू फोरइँ जी मोरे बरदा की माछी
चढ़ि ग धियनवा बिकल होइगा जियरा
दुनिया थहावइँ मोरी अँखिया पियासी
रतिया भ मइया तकावइँ अन्हियरवा
दिनवा भ जोगवइँ खैरवा अउ पनवा
हमरी पुतरिया अँकुरि आये अँखुआ
कटि के रकत मोर होइ ग भउँहवा
काउ कही मितवा खुनाइ गइ अँखिया
दोखही नजर बा अइगुनवइ सुझाय हो
चलति डगरिया जे हँसि के तकाये होये
मुड़वउ काटे न ओकइ सुधिया भुलाये हो

इहवइ धरतिया हमार महतरिया

अमवा इमिलिया महुवआ की छइयाँ
जेठ बैसखवा बेरमइ दुपहरिया
धानकइ कटोरा मोरी अवध कइ जमिनिया
धरती अगोरइ मोरी बरखा बदरिया
लगतइ असढ़वा घुमड़ि आये बदरा
पड़ि गईं बुनिया जुड़ाइ गईं धरती
गुरबउ गरीब लइ के फरुहा कुदरिया
तोरइ चले बबुआ जुगधिया कै परती
पहिलइ उवरवा पथरवा पै परिगा
छटकी कुदार मोर खुलि गा कपरवा

मितवा न जनब्या जमिनिया क पिरिया
टनकइ खोपड़िया मोर दुखवा अपरवा
खुनवा बहा हइ मोरा जइसे पसिनवा

तोर तोर परती बनाइ दिहे जमता
इहवइ धरतिया हमार महतरिया
मरेउ पै न जइहैं जमिनिया क ममता
उहवइ धरती मोरी होइ गइ हरनवाँ
इहवइ हयेन मोरे दुख के करनवाँ

सथवा निभाइ देत्या मितवा दुलरुआ
छिड़ी बा लड़ाई मोरे खेते खरिहनवा
हमरी समरिया गहे जे तरुअरिया
ओनही कय गीत गाना ओनही कय रगिया
हम खुनवा रँगि-रँगि रेसम कै पगड़िया
बबुआ बाँधब तोहरे मथवा पै पगिया
हमरा करेजवा जनमवइ कय बिरही
अब न बुताई मोरी छतिया कय अगिया
हम छनही मा बारि के बुताइ देबइ दुनिया
बहुतइ बिरही मोरे बिरहा कै रगिया

सीता

घरे सेनी बने गईं बनहूँ मा हरी गईं
हेरेव पै जौ मिलीं तौ निकारि देहेन दुलहा
यही क कहा चाहे राम कय रमायन
यही क कहा चाहे सिया जी कय बिरहा

हारि भगवान गयेन आपनि सरतिया
येकहु धरम मोरे हरि से न निबहा
धन्य भगवान तोरा धन्य बा धरमवा
तोहरे धरमवा लगिहैं नाहीं परवा

दुनिया क बाति छोड़ा दुनिया त मनई हय
लइ लिहिन भगवती तोर कुअवाँ-इनरवा

कँकरिया जमीं

मोरी उसरे की खेतिया कँकरिया जमीं
जइसे पुरखा-पुरनिया कय सोरिया जमीं

मोरा दिनवाँ जमां औ मोरी रतिया जमीं
मोरा सँझवा सबेर दुपहरिया जमीं
मोरे मुँड़वा के उपरा बबरिया जमीं
औ बबरिया के उपरा पगड़िया जमीं
मोरा सथवा जमां औ संघतिया जमीं
मोरा उठना-बैठना जमतिया जमीं
मोरी रगिया जमीं औ मोरी रितिया जमीं
कलपनवा, कबितवा औ गितिया जमीं
मोरी उसरे की खेतिया...

काहें सभवा मा बाटै मोरदरिया जमीं
केउ न पूछत कि कइसे कँकरिया जमीं
इ न जनिहा कि अइसै कँकरिया जमीं
इ अँगरेजिया जमीं जमींदरिया जमीं
कासकरिया जमीं भूमिधरिया जमीं
इहै सिकमी जमीं अधिकरिया जमीं
गाँधी-नेहरू के बाप कय जगीरिया जमीं
इ सुरजवा कय नई सरकरिया जमीं
मोरी उसरे की खेतिया...

कँकरहिया जमीं पथरहिया जमीं
चिनगहिया जमीं बिजड़हिया जमीं
इ दररही जमिनिया ढेलहिया जमीं
इहै बँसवा बइरि बबुरहिया जमीं
इ कँटहिया जमीं इ कुसहिया जमीं
इहै खेतवा तलउवा खलहिया जमीं
इहै ऊँचवा उपरिया भिटहिया जमीं
मोरी उसरे की खेतिया...

देवतनवाँ कय थन्हवाँ भुतहिया जमीं
इ ठेंकहिया जमिनिया दोखहिया जमीं
मरघटही जमीन मउतहिया जमीं
खाइ जइहैं सबै कहइँ भइया जमीं
चला जइहैं मनइया न जइहैं जमीं

इ है सबके पुरनियन कय अइया जमीं
मोरी उसरे की खेतिया...

का ब अबहीं ले ससुरी कँकरिया धरी
कि कँकरिया कय फुरइ तरकरिया बनी
इ कँकरिया हमार गइ है जमतइ चरी
इ कँकरिया झगरवा कय जरिया जमीं
मोरे मलिके के हथवा मा सिंघिया जमीं
इ ललचिया जमीं इ लउरिया जमीं
पलटनिया पुलिस लसकरिया जमीं
मोरी कँकरी के बरे तरुअरिया जमीं
मोरी उसरे की खेतिया कँकरिया जमीं
जइसे पुरखा-पुरनियन कय सोरिया जमीं
मोरी उसरे की खेतिया...

प्रदीप कुमार शुक्ल

पेशे से चिकित्सक प्रदीप कुमार शुक्ल 1967 ई. में लखनऊ में जन्मे। इनकी कविताओं में राजनीतिक चेतना व्यंग्य-हास्य के साथ अपने को व्यक्त करती है। हिन्दी में बाल कविताएँ व नवगीत भी लिखते हैं। इनका 'यहै बतकही है' नामक अवधी नवगीत संग्रह प्रकाशित हो चुका है।

चुप हैं राम दुलारे

झाँखर बारे तपता तापैं, मजमा लाग दुआरे
बहस होय रही संविधान पर, चुप हैं राम दुलारे

सोचि रहे हैं संविधान मा, भला लिखा का होई
यहु काहे नहिं लिखा, देस मा भूखा कोउ न सोई
लिखौ होई तौ छुपा लिहिन होई हैं उई मिलिकै सारे...

पइसा, दारू जो बाँटी, फिरि वहु पाई परधानी
पाँचि साल मा वहिके घर मा, लछमी भरिहैं पानी
संविधान मा यहौ लिखा का भइया राम पियारे...

संविधान के 'हम' पर काफी, जोर दिहिनि हैं कक्का
देसु मगर चेलवन की बातन, ते है हक्का बक्का
भरी दुपहरी हमका लागति अइहैं बदरा कारे...

झाँखर बारे तपता तापैं, मजमा लाग दुआरे
बहस होय रही संविधान पर, चुप हैं राम दुलारे

देसप्रेमु का पाठु

समझाइति है तुमका, ना एतना उत्पातु करौ
देसप्रेमु का पाठु फलाने फिर ते यादि करौ

ऊपर ते सब जय जय ब्वालैं अन्दर खूनु पियैं
अइसन मा ई भारत माता कब तक भला जियैं
ई च्वारन का मारौ पहिले ताल ठोंकि सम्भरौ...

'टुकड़ा टुकड़ा करिबे यहिके' जो ब्वालै यहु नारा
नटई ते तुम पकरौ वहिका दइ देव देसु निकारा
लेकिन बात सुनौ अउरिनु की थ्वारा धीरु धरौ...

बेमतलब ना रागु अलापौ देसप्रेमु का भइया
रामदीन द्याखौ भूखा है भूखी वहिकी गइया
रुपिया चढ़ा जाए फुनगी पहिले वहिका पकरौ...

एतना बड़ा देसु, दुई नारन ते यहु टूटि न जाई
का चाहति हौ, देस भक्ति हम माथे पर लिखवाई?
खुलि जाई जो यह जबान ना पइहौ अपन घरौ...

समझाइति है तुमका ना एतना उत्पातु करौ
देसप्रेमु का पाठु फलाने फिर ते यादि करौ

काका तुम ब्वालौ सही सही (संदर्भ-नोटबंदी)

जब आठ नवम्बर का काका टीवी मा बोलेव अइंठि अइंठि
हम स्वाचा सारे च्वारन के सीना पर पत्थरु जा बइठि
पर पकरि न पायो काका तुम काले धन की चुहियो मरही?
काका तुम ब्वालौ सही सही
सब खुलेआम काले धन का मुँहु पोति पोति कै उजर किहिनि
उज्जर पइसा वाले जाने केतने तौ आपनि जानु दिहिनि
यहु हाहाकारु मचावै का तुमका हम दीन रहै पगही?
काका तुम ब्वालौ सही सही
बिटिया ब्याहै खातिर लल्लन अपनै पइसा न निकारि सकैं
दस दिन ते लैन म लागि लागि अब द्याखौ उलटा सीध बकैं
जो बाहुबली हैं उनके तौ घर मा नोटन की लागि तही?
काका तुम ब्वालौ सही सही

बस दुइ हजार लेबै खातिर फोटू खैंचेव, स्याही लगायेव
अरबन का चन्दा तुम लीन्ह्यो पर नामु न याको बतलायेव
सब नियम हमरेहे खातिर हैं तुमरे तन याकौ नियम नहीं?
काका तुम ब्वालौ सही सही
पहिले बोल्यो जल्दी का है पइसा आराम ते जमा केहेव
अब कहतु कि लिखि कै देव हियाँ तुम इतने दिन तक कहाँ रहेव?
मुलु देस के मुखिया की बातन कै थोरी तो मरजाद चही?
काका तुम ब्वालौ सही सही
यहु जाड़ु बहुतु भारी परिगा नोटन कै गर्मी नहीं रही
अब रोजु न हमका डेरवावौ काका तुम ब्वालौ सही सही

बजरंग बिहारी 'बजरू'

हिन्दी के जाने-माने आलोचक और विमर्शकार बजरंग बिहारी 'बजरू' 1972 ई. में गोंडा जनपद में जन्मे। वर्तमान में दिल्ली विश्वविद्यालय में अध्यापनरत। अवधी गजल इनका सुचयनित शिल्प है जिसमें अनेक प्रयोग किए गए हैं। ये प्रयोग विषयवस्तु के स्तर पर ध्यान खींचते हैं क्योंकि इससे पहले अवधी गजल में सत्ता-संरचना को सम्बोधित ऐसी गजलें नहीं लिखी गईं। इतनी अधिकता और वैविध्य के साथ तो अवश्य नहीं। अवधी की प्रगतिशील काव्य परम्परा में एक सशक्त समकालीन स्वर।

1

गजल मामूली है लेकिन लिहेबा सच्चाई
बिथा किसान कै खोली कि लाई गहराई।
इस्क से उपजै इसारा चढ़ै मानी कै परत
बिना जाने कसस बोली दरद से मुस्काई।
तसव्वुर दुनिया रचै औ' तसव्वुफ अर्थ भरै
न यहके तीर हम डोली न यहका लुकुवाई।
धरम अध्यात्म से न काम बने जानित है
ककहरा राजनीति कै, पढ़ी औ' समझाई।
समय बदले समाज बोध का बदल डारे
बिलाये वक्ती गजल ई कहैम न सरमाई।
चुए ओरौनी जौन बरसे सब देखाय परे
'बजरू' कै सच न छुपे दबै कहाँ असनाई।

2

हेरित है इतिहास जौन दिन झूठ बदलि कै फुर होइगा
झूर आँख अँसुवात जौन दिन झूठ बदलि कै फुर होइगा।
हंडा चढ़ा सिकार मिले बिनु राजाजी बेफिकिर रहे
बोटी जब पहुँची थरिया मा झूठ बदलि कै फुर होइगा।

बिन दहेज सादी कै चर्चा पंडित जी आदर्स बने
कोठी गाड़ी परुआ पाइन झूठ बदलि कै फुर होइगा।
"खाली हाथ चले जाना है" साहूजी उनसे बोले
बस्ती खाली करुआइन जब झूठ बदलि कै फुर होइगा।
'बजरू' का देखिन महंथ जी जोरदार परबचन भवा
संका सब कपूर बनि उड़िगै झूठ बदलि कै फुर होइगा।

3

जियै कै ढंग सीखब बोलिगे काका
भोरहरे तीर जमुना डोलिगे काका।
आँखि अंगार कूटैं धान काकी,
पुरनका घाव फिर से छोलिगे काका।
झरैया हल्ल होइगे मंत्र फूँकत
जहर अस गाँव भीतर घोलिगे काका।
निहारैं खेत बीदुर काढ़ि घुरहू,
हँकारिन पसु पगहवा खोलिगे काका।
बिराजैं ऊँच सिंघासन श्री श्री
नफा नुकसान आपन तोलिगे काका।
भतीजा हौ तौ पहुँचौ घाट 'बजरू'
महातम कमलदल कै झोरिगे काका।

4

चढ़ेन मुँडेर मुल नटवर न मिला काव करी
भई अबेर मुल नटवर न मिला काव करी।
रुपैया तीस धरी जेब, रिचार्ज या रासन
पहिलकै ठीक मुल नटवर न मिला काव करी।
जरूरी जौन है हमरे लिए हमसे न कहौ
होत है देर मुल नटवर न मिला काव करी।
माल बेखोट है लेटेस्ट सेट ई एंड्राइड
नई नवेल मुल नटवर न मिला काव करी।
रहा वादा कि चटनी चाटि कै हम खबर करब
बिसरिगा स्वाद मुल नटवर न मिला काव करी।

5

दिन न भागै राति घुमड़ै का भवा
आँखि टपकै नदी उमड़ै का भवा
अंक काँपै, पेड़ कै पाता गिनै भूला फिरैं,
चौमुहानी से न खसकैं का भवा
नखत कतना कतिक चिउंटी लिखव ना,
सब्द बारू मा न धँसकै का भवा
आम के फाँकी मा डोरा लौंकि कै,
खोलि पोथी रंग बूझैं का भवा
अगम सागर जानि 'बजरू' बूड़िगे,
सब तरैया निकरि सोचैं का भवा

तृतीय उत्थान

2000 ई. से अब तक

द्रुत पाठ

वन-गमन को लेकर राम-जानकी संवाद

हुवाँ पेड़े कै छाँह मिली न कतौ, कहूँ पानी के संग बहै का परी
कँकरे-पथरे से भरी रहिया, टुटही मड़ही मा रहै का परी
अति आरत हैं सब लोग जबै, कुछ धीरज धर्म गहै का परी
जिन संग चला सिय तू हमरे, नहिं कष्ट तुहूँ का सहै का परी

जियरा मा अहा जब तू हमरे, तब नैन मा नींद हिलै न हिलै
जब भाग लिखा बैराग अहै, तब आँगन फूल खिलै न खिलै
पथरा कै भवा जियरा जब तौ, तरुवा गोड़वा कै छिलै न छिलै
यहि बाँह कै छाँह मिलै हमका, प्रभु पेड़े कै छाँह मिलै न मिलै

—परवाना प्रतापगढ़ी

मूलनाम—फैयाज अहमद खाँ। ताल्लुक प्रतापगढ़ से। ये पंक्तियाँ 'राम रसायन' से।

कैसे होय चुनाव अवध मा

चरखा कात रहे मलखान
रामलला की जयकारा ते बना न तिनको काम
साइकिल पंचर हुइगै, वहि पर बैठे दुइ नादान
हैंडिल लैके भाग लरिकवा, बापू हैं हैरान
नोटन की माला आंधी मा कौनिउ तरफ उड़ान
हाथी सब पथराय गए हैं, मिला न कहूँ ठेकान
हाथ कट गवा कालेधन मा सीला बिनै किसान
रुपया बदलै की लाइन मा खड़े राम रहमान
कूकुर भौंकैं नई योजना की खुलि गई दुकान
कैसे होय चुनाव अवध मा मनई सब बिल्लान

—भारतेन्दु मिश्र

अवधी के समर्थ कथाकार भी हैं। 'नयी रोसनी' और 'चन्दावती' नामक अवधी उपन्यासों के लेखक। ब्लॉग—चिरैया

नेता बनै की आस मा

एक पैंतरा हमहूँ खेलबै,नेता बनै की आस मा,
साइद खरा उतरि जाई, हम जनता के बिसवास मा,

उज्जर कुर्ता औ पैजामा, लेई एक सिलाय
पहिर के मधुरी बानी बोली, गली गली मा जाय
हाथ जोड़ गिनती करवाई, सबके खासमखास मा,
साइद खरा...

बड़े दिनन की अहै लालसा, पूरी करौ भवानी
स्वर्ण मुकुट हम तुरत चढ़उबै, हे विंध्याचल रानी
रुपया कय खरही लग जाए, अब तौ अपने पास मा,
साइद खरा...

जाय के बैठब जौ संसद मा, लोगै घर-घर देखिहैं
टीवी पै भाषण सुनि-सुनि, घरवाले हमका कोसिहैं
आपन घर न चेत रह्यो ई, बे मतलब बकवास मा,
साइद खरा...

मेहरारू रिसियाये लेकिन, कौनो फरक नहीं बा
एक से एक नेताइन साथे, फुरसत कहाँ धरी बा
होटल कै ऊ लुत्फ कहाँ बा, बीबी के अहसास मा
साइद खरा...

भव्य महल होय अउर लक्सरी, गाड़िन कै पतियारी
साल मा ग्यारह माह हवाई, यात्रा रहय हमारी
कास कि सपना सच होतै औ, हमहूँ उड़ित अकास मा,
साइद खरा...

—सुमन सिंह

अयोध्या, अवध से संबद्ध। छुटपुट रचनाएँ अवधी में।

जाति दंस, बड़ा कलंक

सूअरबाड़ा उजड़ी कोठरी, चुप्पे घुसरी गुरबत बुजरी
फुटही खपरी मुँह बाये परी, झिलरी खटिया कथरी-गुदरी
चूल्हा आगे टुटही खाँची, खाँची मा आमे कै पाती
डुडुवायँ बिरावैं माँग खायँ, मँगता-जोगी औ' संन्यासी
कूकुर-बिलार घर ना झाँकैं, मुसरी घुसरैं ना डेहरी मा
यकतनहा नीम कै पेड़ गवाह, बचा बा 'पाहीमाफी' मा

दिन-रात खेत मा खटत रहे, वै बड़न कै सेवा करत रहे
वइसै तौ देश आजाद रहा, पर गाँव कै सूद गुलाम रहे
पैलगी दूर से करत रहैं, परछाँह बचायि के चलत रहैं
बाभन-ठाकुर केव आय जाय, खटिया पर से उठि जात रहैं
जे नीक कै कपड़ा पहिर लियै, ऊ खटकै सबकी आँखी मा
यकतनहा नीम कै पेड़ गवाह, बचा बा पाहीमाफी मा

मन ही मन मा सोच विचार, बहुत सहैं वै अत्याचार
सेंत-मेंत मा काम करैं बस, हरवाही पै जियैं चमार
सुख कै तूरि ना पावैं कौर, गाँव से बाहर वनकै ठौर
खाय बिना चाहे मर जाएँ, केहू न झाँकै वनकी ओर
करै मजूरी गाँव मा केऊ, दिल्ली केऊ बम्बई मा
यकतनहा नीम कै पेड़ गवाह, बचा बा पाहीमाफी मा

उखुड़ी हमार जे तुरअ थै, जानी थै नावँ बाय मुँह मा
हम पँहटत हई कऊ दिन से, रँगे हाथे पकरब वनकाँ
पकरे, 'हड्डहा' चमार मिला, खेती-बारी नाहीं वकरे
ऊ बोला काका माफ करौ, झाँवर कै रोग बाय हमरे
कुछ बूढ़-पुरनियाँ कहत हये, सोवा गन्ना के खेते मा
यकतनहा नीम कै पेड़ गवाह, बचा बा पाहीमाफी मा

जेकरे खेती वोकरे ऐंड़, खाली बइठ रखावै मेंड़
उखुड़ी छोलै लढ़िया लादै, मजदूरी मा खाली गेंड़
दुइ रुपिया औ खरबचाई, दिन भै खोदैं वै बिरवाही
लत्ता-लत्ता लरिके तरसैं, बारहो मास करैं हरवाही
यक दिन जो नागा होय जाए, गारी पावैं सेती मा
यकतनहा नीम कै पेड़ गवाह, बचा बा पाहीमाफी मा

कतहूँ-कतहूँ फुंसी-फोड़ा, मूँड़े मा ढीलौ-लीख भरा
करिया धागा गटई पहिरे, तन पे झिलरा चीकट कपड़ा

देहीं मा पाले दाद-खाज, किस्मत का कोसै मुस्कियाय
यकबिगहामुँह फैलायलियै, जबखबर-खबरखजुलीखजुवाय
माई तू काहे जनम दिहू, ई जात-पात की माटी मा
यकतनहा नीम कै पेड़ गवाह, बचा बा पाहीमाफी मा

सूकन-संती-गोधी-लोकई, औ कुष्ठ रोग पीड़ित तोखई
वै मरा जानवर निकियावैं, गाँवै कै नीबर औ गोगई
ना सीधे मुँह केव बात करै, केव देखतै ही अपमान करै
मेहरारू-बिटियन कै इज्जत, हरदम ही दाँव पे लाग रहै
कामे-काजे काटैं सूअर, तब उड़ै भोज चमरौटी मा
यकतनहा नीम कै पेड़ गवाह, बचा बा पाहीमाफी मा

टुटहा-जस्ता दुइ-यक बरतन, ज्यों साँझ ढलै बाजै खन-खन
जब खाय का घर मा ना आटै, तब खाय मरा डाँगर जबरन
खरिहान कै गोहूँ खाय-खाय कै, बैल जो गोबर करत रहे
वोका बटोरि सुखवाय लियैं, फिर पीट-पाट कै पीस लियैं
दुख-वीर दलिद्दर दलित रहे, सब खात रहे मजबूरी मा
यकतनहा नीम कै पेड़ गवाह, बचा बा पाहीमाफी मा

—आशाराम जागरथ

विगत कुछ वर्षों से अवधी कविता में दलित चेतना की सशक्त उपस्थिति। 'अवधी कै अरघान' ई-पत्रिका पर 'पाहीमाफी' नामक ग्रामगाथा प्रकाशित, उपरोक्त अंश वहीं से।

साहेब किहे रहौ सुलतानी

बहुमत केर नसा है एतना जेस हाथी बौरानी
साहेब किहे रहौ सुलतानी

तोहरेन मारे रोवत हैं सब जोसी औ अडवानी
सौरी औ जसवंत हेराने भागे जेठमलानी
गोविन्द जी आचार्य लुकाने छुपि गे सारे ज्ञानी
अब के तोहरे आगे बोलय सब कै मरि गै नानी। साहेब...

दल का छोड़व सारे देसवक गारि लिहेव तू पानी
अपनेन पैसा खातिर सबका रोजै लैन लगानी

रुकिगा सादी ब्याह गरीबन कै जनता चिल्लानी
कानेमा रुई डारि कै टहरव देसन की रजधानी। साहेब...

जाल रचेव औ पैसा फेंकेव सब मीडिया बिकानी
धरम भूलि कै भोंपू बनि गइ असली बात भुलानी
महँगाई औ करिया धन पै सब जनता भरमानी
एक्कव वादा पूर किहौ ना ठगी खड़ी पछतानी। साहेब...

जे बापू का मारिन ते हैं गुरु तुम्हार हम जानी
तोहरे मा दया कहाँ है बूँकौ चाहे अमरित बानी
भगल बनाये हौ नेता कै दिल मा बसैं अडानी
आगा पीछा सोचे बिन तुम चाल चलौ मस्तानी। साहेब...

साहेब एतना कहे दीत है बात एक परमानी
बड़े बड़े जेस भुनगा उड़ि गे तू हौ कहँक गुमानी
एतना आँकर सासन जोतौ किहे रहौ मनमानी
जनता जागी तौ फिर कामे अंइहंय ना अम्बानी। साहेब...

—प्रकाश चन्द्र गिरि

साहित्य व कलाओं में रुचि। अवधी और खड़ी बोली दोनों भाषाओं में रचनाशील। ताल्लुक बलरामपुर जिले से।

चोहल

हम कहित रहै ना बौखलाउ
यहु मनई बड़ा फसादी है
तुम कहति रहौ ना अइस नाइ
यहु देसभक्ति का आदी है।

हम कहित रहै आँखी ख्वालौ
यहु चोरु चंटु बकवाधी है
तुम कहति रहौ ना अइस नाइ
यहि मा विकास कै आँधी है।

हम कहित रहे तनि ध्यान देउ
यहु पूँजीपतिन क नाती है

तुम कहति रहौ ना अइस नाइ
यहु हमरे देश कै बाती है।

हम कहित रहे तुम यादि करौ
यहु कनकौवा गुजराती है
तुम कहति रहौ ना अइस नाइ
यहिमा गांधी कै लाती है।

—शैलेन्द्र कुमार शुक्ल

अवधी और हिन्दी दोनों भाषाओं में कविताई। अवधी के शोधार्थी और आलोचक। ब्लॉग—खरखइँचा

गजल

आपनि भासा आपनि बानी अम्मा हैं।
भूली बिसरी कथा कहानी अम्मा हैं।
धरी हुवैं दालान मा जइसे बेमतलब,
गठरी फटही अउर पुरानी अम्मा हैं।
नीक लगै तौ धरौ, नहीं तौ फेंकि दियौ,
घर का बासी खाना-पानी अम्मा हैं।
मुफति मा माखन खाय घरैया सबै,
मुला दिन भर नाचैं एकु मथानी अम्मा हैं।
पूरे घरु क भारु उठाये खोपड़ी पर,
जस ट्राली मा परी कमानी अम्मा हैं।
जाड़ु, घामु, बरखा ते रच्छा कीन्ह करैं,
बरहौं महीना छप्पर-छानी अम्मा हैं।
लरिका चाहे जेतना झगड़ा रोजु करैं,
लरिकन ते न कबौ-रिसानी अम्मा हैं।
ना मानौ तौ पिछुवारे की गड़ही हैं,
मानौ तौ गंगा महरानी अम्मा हैं।
'अग्यानी' न कबौ जवानी जानि परी,
बप्पा ते पहिलेहे बुढ़ानी अम्मा हैं।

—अशोक यादव 'अग्यानी'

लखनऊ से ताल्लुक। 'चिरैया कहाँ रहै' नामक अवधी गजलों का संग्रह प्रकाशित।

जिनगी

टप टप पसीना
चुआय गय जिनगी

बेना के पोंगी यस गोल भई अँखियाँ
बहती बयरिया संग दूर भई सखियाँ,
सरपत के चीरा यस पिराय गय जिनगी
टप टप पसीना...

दुआरे पै नीम सूख बड़ेरी पै छपरा
सूखा सीवानन मा जेठ बाय पसरा
लहकत लुहारी छुआय गय जिनगी
टप टप पसीना...

खटलुस टिकोरा यस दांते गोठाईल
अन्हौरी के दानन यस पीठी खजुआइल
आन्ही औ बौखा यस डेरवाय गय जिनगी
टप टप पसीना...

—अमित आनन्द

मूल रूप से खड़ी बोली में रचनाशील। अवधी में भी लेखन। ताल्लुक बस्ती से।

गजल

केहू नाँय खेवइया राम भरोसे बा,
यहि देशवा कइ नइया राम भरोसे बा।
चारिउ कइती बाजइ बाज देखात अहँइ,
बेचारी गौरइया राम भरोसे बा।
जेका देखा उहइ कसाई बना अहइ,
आजादी कइ गइया राम भरोसे बा।
बस्ती बस्ती आगि लगावत घूमइँ वइ,
हमरी राममड़इया राम भरोसे बा।

सबका पालइ पोषइ सबका पेट भरइ,
तब्बउ धरती मैय्या राम भरोसे बा।

—राजमूर्ति सौरभ

अधिकांशतः खड़ी बोली-हिन्दी में गजलें लिखते हैं। कभी-कभार अवधी में भी। ताल्लुक प्रतापगढ़ से।

बिरहा

देसवा कै दियवा बुतात बा बालम
पछुवा बयरिया लमात बा बालम
ई अंधेर कहाँ तक निबहे
रहजन दुरजन जगहे जगहे
मुँड़वा कै मटिया बिकात बा बालम
कोरता धोती वाले थकिगय
झंडा डंडा वाले बहिगय
ओठवा कै बतिया भुलात बा बालम
खल दे मल दे पल पल फल दे
प्रभु खजूर तू हमको छल दे
बड़की बिटियवा डेरात बा बालम
सत्ता की ही मति है काली
दलदलदलदल भये सवाली
भुखिया कै बतिया रवात बा बालम
जखम ये गहरा देख लो साहेब
अपना पहरा देख लो साहेब
अँखिया कै पनिया झुरात बा बालम
अपना प्रेत कहीं दिखलाओ
जागो जल्दी होश में आओ
लमकी झुलनिया बिकात बा बालम

—बृजेश यादव

बिरहा साहित्य के अध्येता। प्रदर्शन के स्तर पर भी जुड़े। जनकवि विद्रोही के कविता-संग्रह 'नयी खेती' के सम्पादक।

घर-घर कै इहै किहानी बा

जियरा साँसत मा परा अहै निकुरा से उप्पर पानी बा।
घर-घर कै इहै किहानी बा।

बड़कवा भाय बगिया बेचै का मारामारी केहे अहै।
छोटकवा खेत बाँटै खातिर दुइ-दुइ पटवारी केहे अहै।
मेहरि चूल्हा अलगावै कै अलगै तय्यारी केहे अहै।
जीते-जिव कुछ ना बँटै देब ई जिद महतारी केहे अहै।
सब अपनै आपन बरत अहैं, चारिव मूँ हींचातानी बा।
घर-घर कै...

सब चकाचौंध मा परा अहैं अब जीवन सादा भूलि गयेन।
फिर नेक काम कै कउन बात,जब नेक इरादा भूलि गयेन।
अपनी मेहरी कै मुँह देखतै सब माई-दादा भूलि गयेन।
केहुका समाज कै डेर नाहीं, इज्जत-मरजादा भूलि गयेन।
भयहू के कहे मा जेठ चलै, देवरा के कहे जेठानी बा।
घर-घर कै...

भाइन मा ऊ जे बड़ा अहै दुइ पैसा जेकरे हाँथे बा।
वोहकै लरिका अँगरेज बना, मेहरारू साथे-साथे बा।
माई-बप्पा, खेती-बारी सब जेकरे मूँड़े-माथे बा।
ऊ कथरी वाले डोरा से आपन पैजामा नाथे बा।
एहमूँ रोटिव कै जोग नहीं वोहमूँ कबाब-बिरियानी बा।
घर-घर कै...

जब भयेन रिटायर रामलखन सब पैसा बेटवै बाँटि लेहेन।
अपुना-अपुना का चारिउ सब सुख-सुविधा से पाटि लेहेन।
जब उमिर ढली होइगे बिमार,मड़ही मा टुटही खाट लेहेन।
बेटवन से कहेन कि चेता तौ, सब पारी-पारी डाँटि लेहेन।
महतारी कौरा माँगि रही, बहिनिव होइ चली सयानी बा।
घर-घर कै...

—अनुज नागेन्द्र

गीतों-गजलों के लिए जाने जाते हैं। ताल्लुक प्रतापगढ़ से।

गीत

चुअत मड़इया मा बाबा कै बतिया के मानिक भै
फोनवा कै वीडियो, कमाल हो।
काव कही क्रान्ति माई दइ के बटनिया तू,
छोर लेहु बेटवा हमार हो।
महुवा के डारी पै बइठी कोयलिया,
अब गिनै लागि बिजली कै तार हो।
पुरुब से पच्छूँ अउ उत्तर से दक्खिन,
धइ के टीवी कूलर कै बहार हो।
होइगै उ पक्की सड़किया अकेलै
मड़हा कै मचिया औ मजलिस हेरान हो।
कोठरी मा बैठे सब घूमाथे लंदन,
भुलि गए नरवा सेवान हो।
ताली बजवा कि गउवाँ बदलि गा
अरे तलवा कै पनिया झुरान हो।
दुइयै ठी रहिगा झुलवा कै पेड़वा
ना कास अउ मुँजिया जुहान हो।
कइसे क्रान्ति माई कहि दी जियत बाटे गउवाँ,
जौ ड्योढ़िन से बाती हेरान हो।

—अंकिता यादव

दिल्ली विश्वविद्यालय में रसायनशास्त्र की विद्यार्थी। कविता लेखन में नया नाम।

सावन गीत

रिमझिम बरसै अषाढ़
नदी नारा गये बाढ़,
मोरा मन नाहीं लागे रे भवनवा मा
कइसे अउब्या पिया अबकी सवनवा मा।
मेघा छाये जोर जोर
मोरा करै लागें शोर
चोर घूमि घूमि ताकऽ थें अँचरवा मा। कइसे...
रात कारी अन्हियारी
बिज्जू दमकै मझारी
झरि लागे बून भारी रे अँगनवा मा। कइसे...

खेत वन हरियाये
पानी ताल उपराये,
लहराये है फसल रे सिवनवा मा। कइसे...
सूनी सेज ना सुहाये
मोह सजना सताये,
मेघ छाये बरसाये रे नयनवा मा। कइसे...
बान्हे नेहिया तोहार
करि सोरहौ सिंगार
बा बहार सैंया तोहरे गोहनवा मा। कइसे...
घेरे कजरी बदरिया
डरबै झूला अमरइया
गउबै कजरी संगे तोहरे झुलनवा मा। कइसे...

—अरुण कुमार तिवारी

सोशल मीडिया पर 'बोले चिरैया' के नाम से अवधी गतिविधियों में संलग्न।

भासा

हमार परिवार उत्तर प्रदेस राज्य कै,
अवधी हमार मातरीभासा।

हमार जन्म भा बंबई मा
बंबई; भिन्नता कै नगरी
इहाँ ढेर कुल्ले बोली बोली जाए
बाकी, मराठा लोगन कै
मराठी कै सत्ता!
हमरे अवधी कै उपहास
उड़ावा जाए।

हम सीखेन बचपनै से मराठी बोलब
बाकी निक के सिखि ना पाएन
चाहे हम बोली या ना बोली आपन भासा,
हमके 'भैयानी' ही चिढ़ावा जाए।

—नम्रता मिश्रा

आवास मुम्बई। स्नातकोत्तर की विद्यार्थी। अवधी कविता में नया नाम।

हैप्पी टीचर्स डे, गुरु जी

हैप्पी टीचर्स डे, गुरु जी
जइसे ऊधव वइसे माधव, तुम बोझा हम गधे, गुरु जी
नाथा-जाबा मुँह हमार हय, हम दँवरी मा नधे, गुरु जी
सत्ता के संग साँठ-गाँठ अउ प्रतिरोधौ मा डटे, गुरु जी
बाहर से हउ कटे-कटे मुल भीतर-भीतर सटे, गुरु जी
माल देखिके पाल्हा बदलत, तुम इत्ते ललचहे, गुरु जी
पीढ़ी मुरदा-संख होइ गई, तुम ढपोर-संखहे, गुरु जी

—अमरेन्द्र नाथ त्रिपाठी

'अवधी कै अरघान' नामक ई-पत्रिका के सम्पादक

काव्यानुवाद

कृतिवास रामायण

मुनि विधि चले संत के भेखा
विटप चढ़े रत्नाकर देखा
पथिक घात ताके मन ओरा
विफल आजु दिन बीतेउ मोरा
हरखे निरखि पाप अनुगामी
लूटौ बसन हतौं दोउ स्वामी
लौहदण्ड सो तेहि सन मारा
तासु विफल विधि कीन्ह प्रहारा
माया बस कर अस्त्र न उठई
साथ कौतुक मन चिंतन करई

(अवधी अनुवाद—नन्द कुमार अवस्थी)

कालिदास कृत रघुवंश

राम बालि कर बध तब कीन्हा
राजपीठ सुग्रीवहिं दीन्हा
चिरसंचित रह जासु मुनीसा
किस्कंधा कर हीन कपीसा
मनहु राम इक सब्द हटावा
तत्सम अपर सबद इक लावा
निज भुआज प्रेरित बानरगन
जहँ तहँ लगे सीय कहँ खोजन
भटकहिं बानर इत उत पथ
दुखी राम के मनहु मनोरथ

मिलेउ गीध सम्पाति सयाना
तिहि सिय कर वृत्तांत बखाना
तब मारुती किय सागर पारा
जिमि निरीह मानव संसारा
निसाचरिन्ह ते घिरी जानकी
दीठि परी कपि हनूमान की
जैसे घेरि रहीं विषबेली
लतिका संजीवनी अकेली

(अवधी अनुवाद—शिवनाथ मिश्र। अनूदित कृति—मानस रघुवंश)

गीता का अनुवाद-1

अहहिं जगत महँ बहु विधि ग्याना।
राज-ग्यान यह जाहि बखाना॥
जतन सहित यह जाइ दुरावा।
अधिकारी कहँ जाइ बतावा॥
यह अति उत्तम, पावन ग्याना।
अनुभव अवगत होइ सुजाना॥
धर्म सुसंमत सुगम सुबोधा।
अरु अनुसरत सुकर बर जोधा॥

(अवधी अनुवाद—हरिवंश राय बच्चन। अनूदित कृति—जनगीता)

गीता का अनुवाद-2

धर्म-छेत्र कुरु-छेत्र महँ, यह इच्छा मन लीन।
मोरे सुत अरु पाण्डु सुत, संजय कहु का कीन॥
देखि पाण्डुसुत सैन्य पुनि, संयत ब्यूह रचाय।
दुर्योधन बोले बचन, द्रोण निकट इमि जाय॥
विपुल पाण्डुसुत सैन्य समूहा।
देखहु गुरुवर विरचित व्यूहा॥
द्रुपद पुत्र तव शिष्य विशेषा।
जाकी रचना कीन्हि अशेषा॥

(अवधी अनुवाद—माधवी लता शुक्ल। अनूदित ग्रन्थ—माधव गीता)

गीता का अनुवाद-3

दिव्य दृष्टि संजय तब खोले।
नृप सों मधुर बचन अस बोले॥
दुर्योधन निज नयन पसारे।
पाण्डु सुवन रनब्यूह निहारे॥
गुरु द्रोण के निकटहिं गयऊ।
दुर्योधन अस भाखत भयऊ॥

(अवधी अनुवाद—यदुबंश लाल। अनूदित ग्रन्थ—मानस गीता)

गीता का अनुवाद-4

ब्रह्म का जो लीन्हिसि पहिचानि
ब्रह्ममय होइगा वहु बलवान।
सुख दु:ख दूनौ वहिका एक
छोड़ि आसक्ति भवा सुखवान॥
भीतरी सुख का अनुभव करै
ब्रह्म मा अंत:करण मिलाइ।
अछय सुख लाभ सदा वहु करै
मनै मन वहु पारथ हरसाइ॥

(अवधी अनुवाद—बाबूराम शुक्ल। अनूदित ग्रन्थ—मंजु ग्रामीण गीता)

'बज्जालग्ग' से

देखि परै न कहूँ धनुहाँ, कहूँ डोरी कै रिंचिउ अवाजि न आवै।
धक्क से होय तुरंत करेज मा वार भये पै पता चलि पावै।
कौन गुरु से विचित्र पढिउ अस, गोरी तू नैन क बान चलावै।
घायल होय जे ते तौ जियै जे न घायल होय ते प्रान गँवावै॥

(अवधी अनुवाद—आचार्य विश्वनाथ पाठक)

हमरी अंगुरिन मा जवाहिरात रहै (एमिली डिकिन्सन)

हमरी अंगुरिन मा जवाहिरात रहै
जब हम सोवै चलेन
दिनु बहुतु निमन रहै औ पुरवैया धीरे ते बहि चली
हम कहेन, "अब यहु हमरहे पास रही"

हम जागेन—हमरी अंगुरिन का मुहुँ बिराय कै
रतनु जय चुका रहै
आउरु अब, फिरोजी यादन के सिवा
हमरे पास कुच्छौ न अहै

(अवधी अनुवाद—प्रदीप शुक्ल)

हम का पढ़उबै (निजार कब्बानी)

हम का पढ़उबै
तुहैं प्रेम-पोथी !

मछरिया क तैरै
भला के सिखाइस
चिरैया क बिचरै
भला के बताइस
हम का पढ़उबै
तुहैं प्रेम-पोथी !

अपनेन भरोसे
पनिया म लहरौ
अपनेन भरोसे
अकसवा म छहरौ
हम का पढ़उबै
तुहैं प्रेम-पोथी !

किताबै सिखाइन
कब ढाई-आखर?
तारीखी आसिक
भये हैं निरच्छर
हम का पढ़उबै
तुहैं प्रेम-पोथी !

(अवधी अनुवाद—अमरेन्द्र नाथ त्रिपाठी)

पांच बंदरवा नान्ह केर सब कूदैं बिस्तर पर (मदर गूज)

पांच बंदरवा नान्ह केर सब कूदैं बिस्तर पर
एकु गिरि गवा खाले, गूमडु निकरा वहिके सर
अम्मा कहिनि, डाकटरु आवा बोलिसि आला धर
अब कउनो बांदरु ना उलरी द्याखौ बिस्तर पर
चारि बंदरवा नान्ह केर सब कूदैं बिस्तर पर
एकु गिरि गवा खाले, गूमडु निकरा वहिके सर
बप्पा कहिनि, डाकटरु आवा बोलिसि आला धर
अब कउनो बांदरु ना उलरी द्याखौ बिस्तर पर
तीनि बंदरवा नान्ह केर सब कूदैं बिस्तर पर
एकु गिरि गवा खाले, गूमडु निकरा वहिके सर
अम्मा कहिनि, डाकटरु आवा बोलिसि आला धर
अब कउनो बांदरु ना उलरी द्याखौ बिस्तर पर
दुई ठो बांदर नान्ह केर उई कूदैं बिस्तर पर
एकु गिरि गवा खाले, गूमडु निकरा वहिके सर
बप्पा कहिनि, डाकटरु आवा बोलिसि आला धर
अब कउनो बांदरु ना उलरी द्याखौ बिस्तर पर
एकु बंदरवा नान्ह केर यहु कूदै बिस्तर पर
वहौ गिरि गवा खाले, गूमडु निकरा वहिके सर
अम्मा कहिनि, डाकटरु आवा बोलिसि आला धर
सारे बांदर पहुड़ि जायं अब सीधे बिस्तर पर

(अवधी अनुवाद—प्रदीप शुक्ल)

जरूरी ई अहै (बर्तोल्त ब्रेख्त)

ई जरूरी नाहीं अहै
कि हम यक बढ़िया समाज मा
पैदा होई
मुला जरूरी ई अहै
कि मरत के हम यक बढ़िया समाज से
बिदा ली।

(अवधी अनुवाद—राघव देवेश)

जरनल साहेब (बर्तोल्त ब्रेख्त)

जरनल साहेब,
हम मानिति है, तुम्हारि तोप वाकई भारी है
यह मटियामेट कइ देय जंगल के जंगल
मनईन की तो औकतिही का है
मुला याक खराबी हवै—

यहिका चलावै क बदे, चही मनई

जरनल साहेब,
तुम्हार बमफेंक जहाजु जबरदस्त है
आंधी तूफान वहिकै धूरि न पावैं, चाहै तो गजराजन का बईठा लेय
मुला वहै खराबी
यहिउ का चाही मनई

जरनल साहेब, मनई बड़े काम की चीज अहै
यहु उड़िउ सकति है, मारिउ सकति है
मुदा याक खराबी यहू मा है
यहु सोचिउ सकति है

(अवधी अनुवाद—प्रदीप शुक्ल)